捨 捨掉想要卻不需要的欲望

不 不執著自己認為對的執著

得 得到無憂自在的淡樂人生

捨 捨掉想要卻不需要的欲望

不 不執著自己認為對的執著

得 得到無憂自在的淡樂人生

捨不得

捨得是一種用金錢買不到的獲得

捨 捨掉想要卻不需要的欲望

不 不執著自己認為對的執著

得 得到無憂自在的淡樂人生

檸檬公爵 編著

序：「捨得」是一種用金錢買不到的「獲得」

在這個做任何事或任何投資，都希望能夠有所回報或回收的功利時代，沒有一個人會想讓自己做白工，沒有一個人會想讓自己的努力徒勞無功…然而，這就是我們的人生會過的那麼痛苦和那麼不快樂的原因…

這幾年我經常在思考幾個問題，人為什麼快樂？人為什麼不快樂？人為什麼會在快樂之後，馬上不快樂？後來我才發現，我們的不快樂來自於自己捨不得可以讓自己快樂的事情，而我們的快樂，則來自於捨得那些讓自己快樂的事情，換句話說，我們快不快樂，其實，取決於我們懂不懂得捨得那些可以讓自己獲得快樂的事情。

或許，我們都聽過「有捨才會有得」、「想得到之前，必須先學會捨」之類的佛教或禪宗對「捨得」二字的解釋，但是，我卻認為上述那些解釋「捨得」二字的說法背後，或多或少都隱藏著某些利己的目的，也就是說好像我們之所以會捨棄一些東西，都是為了獲得比捨棄掉的還要更好的東西，如果我們在捨棄之前，明確地得知自己在捨棄之後，並無法獲得自己想要獲得的東西，那麼我們還會不顧一切地捨棄嗎？

答案通常是否定的，因為在這個做任何事或任何投資，都希望能夠有所回報或回收的功利時代，沒有一個人會想讓自己做白工，沒有一個人會想讓自己的努力徒勞無功…然而，這就是我們的人生會過的那麼痛苦和那麼不快樂的原因。

也就是說如果我們可以稍微調整一下「只要肯捨，一定會有得」的心態，不要把「得」當成自己「捨」的前提，那麼我們的人生應該會過的比以前快樂。然而，不要把「得」當做自己「捨」的目的，就是《捨不得》這本書主要想要告訴讀者的事。

也許，當讀者看到《捨不得》這個書名，會在第一時間從字面上認為，這本書的內容應該是要告訴讀者，在人生過程中有那些讓我們「捨不得」的事情，但是本書《捨不得》真正想告訴讀者的卻是，當我們每天面對那麼多想讓自己快樂，但最後卻快樂不起來的事情，只要能夠徹底地做到「捨」掉想要卻不需要的欲望，與「不」執著自己認為對的執著，自然而然，就可以「得」到想要的無憂自在的淡樂人生。

然而，這種在「捨掉想要卻不需要的欲望」與「不執著自己認為對的執著」所得到的「獲得」，其實，就是一種用金錢買不到的另外一種「獲得」。

目 contents 錄

第二輯：退步原來是向前 47

現實生活中，人們總是採取一種寧折勿彎的做法，一味地承受工作和生活帶給他們的種種壓力和煩惱，卻不能有效將之化解掉。若是那樣，人生也只是活在無限的迷茫和痛苦之中。

第三輯：不該是自己的，再如何爭也白搭 73

目 contents 錄

第五輯：捨得是另外一種獲得 125

一個人快樂，並不是他擁有的多，而是他計較的少。多是負擔，是另一種失去。少非不足，是另一種有餘。捨棄也不一定是失，而是另一種更寬廣的擁有。

目 contents 錄

第六輯：我們為何不放自己一馬？151

人只是因為從來沒有跌下來過，才會一個勁的往高處爬。現實社會中，許多人之所以不適應新的環境，之所以會痛苦煩惱，就是因為守著一個高標準不放。他們認為自己只能上升，不能下降。

目 contents 錄

第十輯：不要跟內心的自己打架 255

將什麼都看得淡一些，就沒有任何的難關過不去，將任何事都看開一點，才不會一遇到任何事，就陷入「天人交戰」，就只能跟內心的自己打架。

第一輯
改變不了環境，但可以改變自己

第一輯：改變不了環境，但可以改變自己

變通根本不必拘泥於形式——改變不了環境，但可以改變自己；改變不了事實，但可以改變態度；改變不了過去，但可以改變現在；不能控制他人，但可以掌握自己；不能預測明天，但可以把握今天；不能樣樣順利，但可以事事盡心。

你活的快樂嗎？

放下是為了拿起，無心是為了盡心。每個人不需跟從世俗標準隨波逐流，而是應該依自己的方式去選擇有價值的人生，使自己活得快樂，活得自在。

「人的肉體內，住有一位真人，那是沒有地位，沒有頭銜的真實自己。他可以從人的任何部位自由進出。」這是我曾經在佛教文獻看過的一句讓我印象深刻的話。而這句話裡面所說的無位真人，也就是哲學上的靈魂，是屬於形而上的。

有一次當臨濟禪師對弟子們說了前面的那段話。有個弟子提出疑問說：

「何謂真實的自己？」

臨濟拍拍對方的胸襟，說道：

「你認為呢？」

弟子正要回答時，臨濟微笑地說：

「傻瓜！你就是真實的自己。」真實的自己，就是真正的自我。人們活著，不知道還有另一個自己，這就如同魚天天在水中游著，卻不知有水一樣。

著名暢銷書作家泰德曾經寫過一本書《為自己活著》，一經出版後立刻造成轟動，迄今創下銷售再刷七十版的紀錄。

泰德在書中闡釋一種自由主義的思想，鼓勵每個人不需跟從世俗標準隨波逐流，而是應該依自己的方式去選擇有價值的人生，使自己活得快樂，活得自在。

你活的快樂嗎？自在嗎？讀這本書的人都覺得「心有戚戚焉」，因為他們的心事被看穿，他們發現自己這輩子為了父母而活、為了配偶而活、為了子女而活、為了房屋貸款而活、為了取悅老闆而活、為了身分地位而活……有各種「為別人活」的理由，卻始終沒有為「自己」好好活過。

為了別人而活，經常使人陷入進退兩難的境地，他們過著不快樂的生活，做著不合志趣的事，即使是他們當中不乏外表看起來功成名就的人，但他們心中仍有一種想「衝破現狀」的慾望。

而我們是不是會有這樣的感受？

雖然職位愈爬愈高，薪水也日益上漲，但這並不是真正想過的生活，縱使人人稱羨，但這些表象只不過是生活無趣的「安慰品」罷了！

老實問自己

我們每天汲汲營營地打拼努力工作，到底是為了誰而活？為了父母而活、為了配偶而活、為了子女而活、為了房屋貸款而活、為了取悅老闆而活、為了身分地位而活…但是我們是否曾經為「自己」好好活過？

捨不得の活法

為了別人而活，經常使人陷入進退兩難的境地，他們過著不快樂的生活，做著不合志趣的事，即使是他們當中不乏外表看起來功成名就的人，但他們心中仍有一種想「衝破現狀」的慾望。

想為自己活，就做自己喜歡的事

我們是不是花了太多的力氣去追逐身外之物？或者為了滿足別人，而把自己內心的真愛丟棄不顧，甚至連頭上的那片陽光都失去了呢？一個「能」賺兩百萬年薪的人，他真正「想」做的，也許只是陪心愛的小女兒遊戲。

有一位詩人曾說：「要愛自己，只有時時刻刻凝視著真實的自己。」然而，當人在看自己時，卻模糊不清，原因是離真實的自我愈來愈遠。

歐爾女士是美國有名的心理專家，同時也是《熱情過活》的作者。歐爾經常受邀為企業做生涯諮詢，她觀察，儘管很多人生涯發展的步調快速，卻愈來愈失落，因為這些人未找到正確的生活軌道，所以常常會感到焦躁不安。

歐爾比喻：

「這就好像是在高速公路上往錯誤的方向加速前進，但又不見迴轉道。」

歐爾同時發現，很多人都犯了相同錯誤：誤以為「能力」等於「快樂」。

但是，一個人「能」做的事，並不一定就是他「想」做的事。例如：一個「能」賺兩百萬年薪的人，他真正「想」做的，也許只是陪心愛的小女兒遊戲。

回想我們求學階段，是不是被洗腦成一個只在乎學經歷，遺忘了自己的心的人？我們日夜待在圖書館裡，只為了擠進那個第一志願，好不容易畢業了還有嚴峻的就業等著我們，進入第一志願的企業之後，再來升遷、加薪、外調、入股，在辦公室裡低頭拚搏。

等我們有空時，驀然回首，才發現自己的生活跟肌膚一樣，只剩蒼白。

只有「捨去」康莊大道，我們才能為自己的人生另闢蹊徑！

美國人曾經做過一個調查，得知的結果出乎意料，因為竟然有高達百分之九十八的人工作不快樂，他們之所以繼續待在原來的位置，並非完全是受制於經濟因素，而是不知道自己還「想」做些什麼。即使他們「想」為自己活，卻找不到「著力點」。

要找出自己真正想過的生活，其實並非難事，最直接的方法就是從興趣尋找線索。

我們應該問自己幾個問題：在過去的經驗裡，有哪些令人振奮的嗜好？假設說，維持基本的物質需求無虞，我們會把剩餘的時間、精力用在哪裡？

我們是不是花了太多的力氣去追逐身外之物？或者為了滿足別人，而把自己內心的真愛丟棄不顧，甚至連頭上的那片陽光都失去了呢？

想為自己活，就是要去做自己喜歡的事。

窮畢生之力做自己不喜歡的事，談何「為自己活」？

老實問自己

身為上班族的我們，工作不快樂，但依然選擇繼續待在原來公司的理由，是受制於經濟壓力的因素，還是不知道自己還可以做些什麼工作呢？

捨不得の活法

美國人曾經做過一個調查，得知的結果出乎意料，因為竟然有高達百分之九十八的人工作不快樂，他們之所以繼續呆在原來的位置，並非完全是受制於經濟因素，而是不知道自己還「想」做些什麼？

做個把讚美當耳邊風的人

一切功名利祿都不過是過眼雲煙，得而失之，失而復得這種情況都是經常發生的，意識到一切都可能因時空轉換而發生變化，就能夠把功名利祿，看淡看輕看開些。

什麼樣的人生觀自然會有什麼樣的榮辱觀，榮辱觀是一個人人生觀、處世態度的重要表現。

有人以出身顯赫做為自己的榮辱。在這個功利掛帥的現實社會裡，榮辱則以錢財多寡為標準。所謂「財大氣粗」、「有錢能使鬼推磨」，以及「死生無命，榮辱在錢」等等俗語，正是揭示了以錢財劃分榮辱的標準。

在榮辱問題上，能做到「難得糊塗」、「去留無意」，這才叫瀟灑自如。

當我們憑自己的努力、實幹，靠自己的聰明才智，獲得了應得的榮譽、獎賞、愛戴、讚美時，應該保持清醒的頭腦，有自知之明，切莫受寵若驚，飄飄然，自覺黃袍加身，一不小心就給人「給點顏色就開起了染坊」的感覺。

要將那些虛榮當作可以「捨去」的，才能保有無可無不可的心態，進而做到寵辱不驚。

就如同古人阮籍所云：「布衣就能穿一生，寵祿又有什麼好依賴。」一切都不過是過眼雲煙，榮譽已成過去時，不值得誇耀，更不足以留戀。有一種人也肯於辛勤耕耘，卻禁不住利益的誘惑，有了榮譽、地位，就沾沾自喜，飄飄欲仙，甚至以此為資本，爭權奪利，無法自拔。

更有些人「一人得道，雞犬升天」，居官自傲，橫行鄉里，活著就不讓別人過得好。這些人是被名譽地位沖昏了頭腦，忘乎了所以。

一個坦坦蕩蕩的人，他的心是寧靜安逸的；而蠅營狗苟的小人，其心境永遠是風雨飄搖。

得到了榮譽、寵祿不必狂喜狂歡，失去了也不必耿耿於懷，憂愁哀傷，這是一個人生的哲理，世人所謂的「得失界限」並不會永遠不變。

一切功名利祿都不過是過眼雲煙，得而失之，失而復得這種情況都是經常發生的，意識到一切都可能因時空轉換而發生變化，就能夠把功名利祿看淡看輕看開些，這就是「榮辱毀譽不上心」的境界。

老實問自己

當你因為某種成就，受到眾人的愛戴或讚美時，你會得意忘形，飄飄欲仙？還是為了不讓自己被這些誇讚沖昏了頭，因此，把別人的讚美當成耳邊風呢？

捨不得の活法

當我們憑自己的努力、實幹、聰明才智獲得了應得的獎賞或讚美時，應該保持清醒的頭腦，切莫受寵若驚⋯否則，一不小心就給人「給點顏色就開起了染坊」的感覺。要將那些虛榮當作可以「捨去」的，才能保有無可無不可的心態⋯

什麼都不作為，也是一種作為

在某種程度上，「捨」就好比達爾文所提到的「物競天擇，適者生存」中的「適」，只有改變自身固執的觀點，去調節自己、在大自然中找到一條寬鬆的道路，才能夠暢通無阻。

建文帝四年六月，朱棣攻下應天，趕走自己的姪子惠帝，繼承帝位，改號永樂。在永樂帝的身邊，有個對他稱帝極有功勞的僧人，名為姚廣孝。他極受到永樂帝的寵愛，連皇帝跟他說話也尊稱其為少師，可見姚廣孝地位之高。

但他儘管位高權重卻不問政事，永樂帝曾命他還俗，姚廣孝也不肯，雖然上朝會穿著冠帶，但一退朝就穿上袈裟。他終生不娶妻室、不蓄私產，晚年唯一一項工作就是編書寫史，幫著永樂帝編撰《永樂大典》

難以想像晚年生活如此清淡無趣的一個僧人，在明王朝初年，那風雲變幻、驚心動魄的政治舞台上，是如何掀起一陣腥風血雨。

姚廣孝以一個和尚的身分，用計幫助朱棣坐上皇位，訓練軍隊鵝鴨亂聲，又以寡敵眾智保北平以及疾趨京師，並終於使江山易主，然而，姚廣孝覬覦權柄，殫精竭慮的策劃兵變，導演一齣複雜而又尖銳的歷史話劇，在在都表現了他多方面的驚人才智和謀略。

但是，功高不受賜的姚廣孝，卻深切反映出他對統治階級上層，殘酷傾軋的清醒認識和明哲保身的老謀深算。

商業社會要真正做到脫離物質，一味追求人格高尚純潔確實很難。但要是有了人格追求，起碼可以活得輕鬆瀟灑些，不為物質所累，更不會為一次晉級、加薪而鬧得不可開交；也不會為功名利祿而趨炎附勢，投其所好，出賣靈魂，丟失人格。

現實生活中，每個人都可能有一、兩次這樣的經驗和體會；當我們能夠放棄利害，保住人格時，就能感受發自肺腑、淋漓盡致的歡樂喜悅。

在某種程度上，「捨」就好比達爾文所提到的「物競天擇，適者生存」中的「適」，只有改變自身固執的觀點，去調節自己、在大自然中找到一條寬鬆的道路，才能夠暢通無阻。

老實問自己

如果你是前述故事的姚廣孝，當你用計幫助朱棣坐上皇位，你是否能夠像姚廣孝一樣，可以做到位高權重卻不問政事，且也不爭權奪利，而晚年唯一一項工作就是編書寫史，幫著永樂帝編撰《永樂大典》呢？

捨不得の活法

一味追求人格高尚純潔確實很難。但要是有了人格追求，起碼可以活得輕鬆瀟灑些，不為物質所累，更不會為一次晉級、加薪而鬧得不可開交；也不會為功名利祿而趨炎附勢，投其所好，出賣靈魂⋯⋯

懂得變通，你的人生大道才會暢通

一個人如果無視於周圍狀況不斷變化，一味地堅持對周圍環境，一成不變的判斷，不懂得隨機應變，不能融會貫通，接受新的觀念，「捨去」舊的觀念，最後終將遭受環境淘汰。

醫學上常常講「通則不痛，痛則不通」，意思說的是人的經脈、血管若是暢通的，自然不會有病痛，而「通」還有另外一種解釋，那就是變通。

有個秀才和和尚共同乘船渡河，當撐船人將船從淺灘推向深水的時候，無意中碾碎了船下的螺螄殼。

秀才提出：

「你們和尚不是說慈悲為懷不殺生嗎？如今您乘坐的船殺害了這麼多螺螄，那是船的罪過還是撐船人的罪過呢？」

和尚答道：

「既不是船的罪過，也不是撐船人的罪過，是閣下您的罪過。」

為什麼和尚說螺螄的死是秀才的罪過？

原因很簡單，撐船人是無心的，他只是專注於自己的職責而沒有想到其他。佛教認為所有錯誤的根本原因，就在於人運用自己的狹隘觀念去看待廣闊世界，而秀才正是運用的這種狹隘觀點去看待錯誤。

追根究柢，秀才的觀點過於死板、不懂得變通才是他錯誤的根源。

倘若我們要過一條河，河水卻湍急無比，而我們唯一的目的地就在對岸。許多人面對這種情況都束手無策、望河而嘆！

此時，我們唯一能做的只有改變自己、改變前進的方式。然而許多人不懂得改變，但是會改變自我的人都到達了成功的彼岸：那些人見河沉思，看見一塊圓木在河裡飄浮有了變化的靈感，結果他們發明了船，也成功地到達彼岸。

一個人如果無視於周圍狀況不斷變化，一味地堅持對周圍環境，一成不變的判斷，不懂得隨機應變，不能融會貫通，接受新的觀念，「捨去」舊的觀念，最後終將遭受環境淘汰。

老實問自己

如果你看到一塊圓木在河裡飄浮，你第一個想到的是將圓木打撈上岸，搬回家當柴火燒？還是因此觸發了你的靈感，因而發明了可以航行在海上的船隻呢？

捨不得の活法

我們唯一能做的只有改變自己、改變前進的方式。然而許多人不懂得改變，但是會改變自我的人都到達了成功的彼岸⋯⋯

改變不了環境，但可以改變自己

變通根本不必拘泥於形式——改變不了環境，但可以改變自己；改變不了事實，但可以改變態度；改變不了過去，但可以改變現在；不能控制他人，但可以掌握自己；不能預測明天，但可以把握今天；不能樣樣順利，但可以事事盡心。

某地發生水災，整個鄉村都難逃厄運。許多村民紛紛逃生，一位上帝的虔誠信徒爬到屋頂上去，等待上帝的拯救。

不久，大水浸過屋頂，剛好有只木舟經過，船上的人要帶他逃生。

這位信徒胸有成竹地說：

「不用了，上帝會來救我的！」

木舟就離他而去了。片刻之間，洪水已浸到他的膝蓋。剛巧，有艘汽艇經過。

這位信徒說：

「不必了，上帝會來救我的。」汽艇只好到別處進行拯救工作。

半刻鐘之後，洪水高漲，已至信徒的肩膀。此時，有一架直升機放下軟梯來拯救他。他依然不肯上機，說：「別擔心我了，上帝會來救我的！」

直升機也只好離開。最後，水繼續高漲，這位信徒被淹死了。

死後，他升上天堂，遇見了上帝。他大叫：

「平日我誠心向您祈禱，您卻見死不救。算我瞎了眼啦。」

上帝聽後叫了起來：

「你還要我怎麼樣？我已經給你派去了兩條船和一架飛機！」

當我們遇到困難的時候，若能適時地運用變通手段，則世上盡無難事。對善於變通的人來說，這個世界上不存在困難與危險。這些人之所以沒有擺脫困境，只是暫時沒有找到合適的辦法而已。

變通當然不是無序的亂變，就如同兵法上說的「敵不動我不動，以靜制動」，這便是隨機應變的精髓所在。

想擁有充實精彩的人生，就需處處都要變通，「捨去」我們自以為的想法，跟著「變化」成為新的想法。

而變通根本不必拘泥於形式——改變不了環境，但可以改變自己；改變不了事實，但可以改變態度；改變不了過去，但可以改變現在；不能控制他人，但可以掌握自己；不能預測明天，但可以把握今天；不能樣樣順利，但可以事事盡心。

如此，就算不能延伸生命的長度，但也可以決定生命的寬度。

老實問自己

這些年，當我們遭遇困境的時候，是否也曾經跟故事中那個在水災中拒絕上帝派去「兩條船和一架飛機」的虔誠信徒一樣，三番兩次將別人的「間接協助」，拒於門外呢？

捨不得の活法

當我們遇到困難的時候，若能適時地運用變通手段，則世上盡無難事。對善於變通的人來說，這個世界上不存在困難與危險…想擁有充實精彩的人生，就需處處都要變通，「捨去」我們自以為的想法，跟著「變化」成為新的想法。

大多數煩惱都是自找的

每個人都有七情六欲和喜怒哀樂，煩惱也是人之常情，人人都避免不了。但是，由於每個人對待煩惱的態度不同，所以煩惱對人的影響也不同。

「煩惱」是生命中重要的組成部分，因而人類必然存在煩惱。一般人都是如何面對煩惱的呢？答案是他們總是採取逃避的態度，比如出去旅遊、散心、看電視、跳舞、唱卡拉OK、打麻將、吸毒等這種種活動來逃避自己。

古詩曰：「但願長醉不願醒。」這是借酒逃避，很少有人能夠在煩惱生起時，能夠不尋求外物，冷靜面對自我，觀照煩惱的生滅。

事實上，這些煩惱都是我們自找的。一個浮躁的人往往樂於自尋煩惱。我們可以尋找甜蜜的愛情、可以尋找美好的生活，但絕不可自尋煩惱，進而才能把鑽進心裡的苦惱，通通從心裡頭「捨去」。

每個人都有七情六欲和喜怒哀樂，煩惱也是人之常情，人人都避免不了。但是，由於每個人對待煩惱的態度不同，所以煩惱對人的影響也不同。

通常人們所說的樂天派與多愁善感型就是顯然的區別。樂天派的人一般很少自找煩惱，而且善於淡化煩惱，所以活的輕鬆、瀟灑；而多愁善感的人則喜歡自尋煩惱，一旦有了煩惱，憂愁萬千，牽腸掛肚，離不開，扔不掉，活的有些窩囊。

其實，人生的大多數煩惱都是自找的，本來就沒有煩惱，或者說原本就不是煩惱。有的人為錢而煩惱，有了一萬想二萬，有了二萬想五萬……還是煩惱，可惜我們除了想過錢多，有錢的傲氣，有沒有想過錢多，有錢的煩惱；錢少的或許沒有錢多的那麼神氣，但錢少的，也沒有錢多的那麼多擔憂。

平民小戶沒有大戶人家對盜賊綁架的擔心，恐怕也少有為爭奪家產使兄弟反目，甚至相殘的悲哀。

所以同樣一種境界，我們用煩惱心態對待，可以是痛苦不堪的；假如用智慧去處理，也可以處之泰然。

就像別人罵我們、傷害我們，我們要是在意、執著，才會煩惱；如果不在意、不執著，還會煩惱嗎？

因此，人生倘若缺乏處世智慧，處處只有煩惱，沒有絲毫的安樂；如果有了處世智慧，時時都是安樂，就不會有煩惱了。

老實問自己

或許，我們都了解「別人罵我們、傷害我們，我們要是在意、執著，才會煩惱；如果不在意、不執著，就不會煩惱」這個道理，但問題是當我們遇到「別人罵我們、傷害我們」的時候，真的能夠做到「不在意，不執著」的境界嗎？

捨不得の活法

很少有人能夠在煩惱生起時，能夠不尋求外物，冷靜面對自我，觀照煩惱的生滅。

事實上，所有煩惱都是我們自找的。我們可以尋找甜蜜的愛情、可以尋找美好的生活，但絕不可自尋煩惱，進而才能把鑽進心裡的苦惱，通通從心裡頭「捨去」。

別讓自尋煩惱的想法，變成一種習慣

最可憐的人是那些慣於抱著不切實際的希望的人。如果一個人把自己的目標制定的高不可攀，他就會因為不能實現目標而煩惱。

飽受飢餓的人，一個饅頭、一杯水就是一頓美餐，飽受風寒的人，一間茅屋也許就是很好的歸宿。

正是因為受盡了人間的風霜和飢餓，錢少的人，理想就不是那麼的遠大，他們的煩惱一般都很小、很實際。因為很小了，他們往往藉助自己雙手不懈的努力，達到了自己的願望，就滿足的笑開了。

其實對於一個人來說，基本的問題——有吃有住都解決了，還會有什麼比這個更重要的事情呢？

有錢的人則不然，他們也許從小就生活在一種富足的環境中，他們的目光看的就很遠，他們玩的是站的很高的遊戲。可又有多少人知道，資本運作和政治更迭的背後隱藏著多大的殺機，有錢人要應付這種來自同類的攻擊要付出多大的努力？

美國心理治療專家比爾．立特爾經過研究認為，一個人若有以下心理或做法，必定會促使其自尋煩惱：

1．做不可能實現的夢：最可憐的人是那些慣於抱著不切實際的希望的人。如果一個人把自己的目標制定的高不可攀，他就會因為不能實現目標而煩惱。

2．製造隔閡：絕不去讚揚別人，確實做到不使用任何鼓勵之詞；其次，喋喋不休地批評、挑刺、埋怨、小題大做。這是製造隔閡、自尋煩惱的妙法。

3．盯著消極面：牢牢記住受過多少次不公正的待遇，或者記著別人有多少次用不友善的態度對自己說話。

4．滾雪球式地擴大事態：當問題第一次出現時就正視它，它就很容易化為烏有。反之，如果讓問題像滾雪球一樣不斷地擴大下去，最後滾雪球的人，總是遵照一條簡單的規則行事：「如果錯過解決問題的時機，索性再往後拖拖。」這樣，只會使問題變得更糟，必定會導致憤怒和苦惱埋在心底幾個月甚至幾年。

要是知道自己有這些自尋煩惱的想法，就要盡早「捨棄」它。要知道，如果這些想法變成下意識的習慣，就一輩子都改不過來！

老實問自己

雖然，我們都知道「有錢人」的煩惱並不會比「沒錢人」要來的少，但是如果現在你可以選擇做「有錢人」或「沒錢人」？你會選擇做煩惱很多的「有錢人」？還是煩惱比較少的「沒錢人」呢？

捨不得の活法

錢少的人，理想就不是那麼的遠大，他們的煩惱一般都很小、很實際。因為很小了，他們往往藉助自己雙手不懈的努力，達到了自己的願望，就滿足的笑開了。

第二輯：退步原來是向前

現實生活中，人們總是採取一種寧折勿彎的做法，一味地承受工作和生活帶給他們的種種壓力和煩惱，卻不能有效將之化解掉。若是那樣，人生也只是活在無限的迷茫和痛苦之中。

把痛苦當成向上的階梯

人的一生中，不如意的事要比如意的事多得多，假如事事盡如人意，那就是一種美麗的傳說了。生命中收穫最多的階段，往往就是最難挨、最痛苦的時候，因為它迫使我們重新檢視反省自己，也替我們打開了內心世界⋯

人生的所有惡夢，都是在不知不覺中發生。

舉凡失業、破產、離婚、車禍、得了絕症、親人過世⋯⋯，只要活著一天，這些惡夢所帶來的痛苦，總是一樣接著一樣，在我們身邊來來去去。

在平靜生活中突然被掀起波瀾，痛苦足以消耗磨損一個人的心智，甚至會讓他對善良的道德都產生懷疑。

當我們在人生的賭局中，手握著由命運發下來的壞牌，理所當然會緊張得不知如何玩下去。可是，我們從來沒有想過，就算拿到一手壞牌，還是可以換牌的！

悲劇在所難免，但並不表示我們就非得被它打垮，從此與幸福絕緣；而是，我們能不能轉禍為福，從逆境中重新站起來。

義大利的心理學家曾經做過研究，被研究者是一群因為意外事故而導致半身不遂的病人，他們都是年紀輕輕，卻喪失了運用肢體的能力，可以說命運對他們開了一個不公平的玩笑。

不過，絕大多數的患者卻一致表示，那場意外也是他們這一生中最具啟發性的轉捩點。

調查中有一名叫做魯奧吉的青年，他在二十歲那年騎摩托車出事，腰部以下全部癱瘓。魯奧吉在事後回憶說：

「癱瘓使我重生，過去我所有做的事都必須從頭學習，就像穿衣、吃飯……然而，這些在正常人眼中，非常簡單的事，對我來說都是一種需要專注、意志力和耐心的鍛練。」

魯奧吉以積極面對人生的態度聲稱，以前自己不過是個渾渾噩噩的加油站工人，整天無所事事，對人生沒什麼目標。車禍以後，他經歷的樂趣反而更多，他去念了大學，並拿到語言學學位，他還替人做稅務顧問，同時也是射箭與釣魚的高手。

他強調，如今，「學習」與「工作」是令他最快樂的兩件事。

的確，生命中收穫最多的階段，往往就是最難挨、最痛苦的時候，因為它迫使我們重新檢視反省自己，也替我們打開了內心世界，帶來更清晰、更明確的方向。端看我們懂不懂得「捨棄」一味沉浸的痛苦和哀怨，然後走往前進的方向。

老實問自己

如果你是前述故事中那個騎摩托車出事，腰部以下全部癱瘓的魯奧吉，你能夠像他一樣，用積極樂觀的人生態度，面對所有日常生活那些例如穿衣、吃飯，上廁所……都必須從頭學習的殘酷事實嗎？

捨不得の活法

在平靜生活中突然被掀起波瀾，痛苦足以消耗磨損一個人的心智……然而，悲劇在所難免，但並不表示我們就非得被它打垮，從此與幸福絕緣；而是，我們能不能轉禍為福，從逆境中重新站起來。

在苦難中超越自己

痛苦終將過去，而美麗終會留下。許多人不敢相信苦難會有到頭的一天，但是如果我們能「捨棄」那個只會讓自己越陷越深的可怕想法，用勇敢去跨越困境，那麼再大的痛苦都會過去，如此一來，也就可以在痛苦中超越自己。

想要生命盡在掌控之中，是件非常困難的事，但很多災難在事過境遷之後，回頭看它，會發現它並沒有當初看來那麼糟糕，這就是生命的成熟與鍛練。學著與痛苦共舞，才能看清造成痛苦來源的本質，明白生命內在的真相。更重要的是，讓我們學到了該學的功課。

山中鹿之助是日本戰國時代有名的豪傑，據說他時常向神明祈禱：「請賜給我七難八苦。」

很多人對此舉都是很不理解，就去請教他。鹿之助回答說：「一個人的心志和力量，必須在經歷過許多挫折後才會顯現出來。所以我希望能借各種困難險厄，來鍛練自己。」

一般人對神明祈禱的內容都有所不同，一般而言，不外乎是利益方面。有些人祈禱更幸福，有人祈禱身體健康，甚至賺大錢，卻沒有人會祈求神明賜予更多的困難和勞苦。

因此，當時的人對於鹿之助這種祈求七難八苦的行為，不給予理解，是很自然的現象，但鹿之助依然這樣祈禱。他的用意是想通過種種困難來考驗自己，其中也有借「七難八苦」來勉勵自己的用意。

鹿之助的主君尼子家，被毛利家所滅，因此他立志消滅毛利家，替主君報仇。但當時毛利家的勢力正如日中天，尼子家的遺臣中，膽敢和毛利家為敵的，可說少之又少。

許多人一想到這是毫無希望的戰鬥，就心灰意冷。可是，鹿之助還是不時勉勵自己，鼓舞自己的勇氣。或許就是因為這個緣故，他才會祈禱賜予七難八苦。

一般被喻為英雄豪傑的人，他們的心志並不見得強韌得像鋼鐵一樣。許多偉人也有過一段內心黑暗的時期，甚至有的曾因此，覺得前途無望。

許多人不敢相信苦難會有到頭的一天；也因為這麼想，所以他們只會在苦難中越陷越深。

所以如果我們能「捨棄」那個只會讓自己越陷越深的可怕想法，用勇敢去跨越困境，那麼再大的痛苦都會過去，如此一來，也就可以在痛苦中超越自己。

老實問自己

如果你在因緣際會下，撿到一個可以讓自己願望成真的「阿拉神燈」，那麼你最想讓自己成真的願望，是讓自己幸福快樂，讓自己身體健康，讓自己發財賺大錢，還是像前述故事的鹿之助一樣，讓自己遭逢七難八苦的人生磨練呢？

捨不得の活法

很多災難在事過境遷之後回頭看它，會發現它並沒有當初看來那麼糟糕，這就是生命的成熟與鍛煉。學著與痛苦共舞，才能看清造成痛苦來源的本質，明白生命內在的真相。

退步原來是向前

現實生活中，人們總是採取一種寧折勿彎的做法，一味地承受工作和生活帶給他們的種種壓力和煩惱，卻不能有效將之化解掉。若是那樣，人生也只是活在無限的迷茫和痛苦之中。

以「捨」為「得」，不「捨」焉有「得」。五代時期著名的禪師布袋和尚曾做過一首詩偈，將捨得的關係表現得淋漓盡致——

手把青秧插滿田，低頭便見水中天。
心地清淨方為道，退步原來是向前。

此偈中說的不論是「低頭」，還是「退步」，都非常符合水田插秧的實際現象，又皆契合人生的禪悟之道。插秧的「倒著走」動作，有如「捨去」一步，實際上卻是「得到」

一步的空間。

龍虎寺的住持無德禪師，請人來為龍虎寺畫一幅壁畫，要求這幅壁畫需以龍虎為主題。

當壁畫草擬的時候，僧人都感覺壁畫不太理想，但是又說不出所以然。無德禪師看罷之後，指點道：

「壁畫中的龍前探身軀，而虎則是高昂虎頭，威風確實威風，不過卻缺少了攝人心魄的力度。為什麼呢？因為龍要攻擊的時候，先要彎曲自己的脖子積蓄能量；而虎要攻擊之前，都是弓起脊背才能發動致命一擊。」

大家都為無德禪師的評論所嘆服。接著無德禪師把話鋒一轉，說道：

「其實，修道或是做人的道理也是一樣的，只有先把自己的慾望收縮回來，把自己的身分放低，才會真正產生前進的動力。如果人不能韜光養晦，那麼絕對是不能成功的。」

把自己的身分放到最低，反而越是能得到別人的敬重。古代智者指出的這個奧妙，不知今天還會有多少人能夠領悟？

現實生活中，人們總是採取一種寧折勿彎的做法，一味地承受工作和生活帶給他們的種種壓力和煩惱，卻不能用一種很有效的方法將之化解掉。若是那樣，人生也只是活在無限的迷茫和痛苦之中。

老實問自己

或許，我們都認同「退步原來是向前」這句話的道理，但是，在現實生活中，當我們真正遇到必須「以退為進」或「委屈求全」的事情，我們真的會不假思索地馬上「低頭」或「讓步」嗎？

捨不得の活法

先把自己的慾望收縮回來，把自己的身分放到最低，反而越是能得到別人的敬重，也才會真正產生前進的動力⋯如果人不能韜光養晦，那麼絕對是不能成功的。

處事保持彈性，便能化解壓力

有沒有壓力，取決於我們的心有沒有彈性。過大的壓力會把一個人壓垮，如果人們能學會雪松枝丫的那種「彈性」，將壓力「捨去」，便能擁有像雪松一樣，抖擻精神迎接更猛烈的風雪，而屹立不倒。

有篇文章《山谷中的謎底》是這樣寫的；加拿大的魁北克有一條南北走向的山谷。山谷中沒有什麼特別之處，唯一能引人注意的是，它的西坡長滿松、柏、女貞等，而東坡卻只有雪松。

這一奇異現象的形成是個謎，許多人都不能明白其中的原因，所以被稱為「山谷中的謎」。然而，在無意間揭開這個謎的，竟是一對普通夫婦。

一九九三年的冬天，這對婚姻正瀕於破裂邊緣的夫妻為了重新找回昔日的愛情，來到山谷露營，打算做一次浪漫之旅。

他們剛到時，就下起了大雪。他們欣賞著山谷中美麗的雪景，赫然發現由於特殊的風向，山谷東坡的雪，總比西坡的雪來得厚、來得急。

不一會兒，雪松上積了厚厚一層雪。隨著雪愈積愈多，雪松那富有彈性的枝丫就隨著雪的重量向下彎曲，直到雪攢到一定的重量從枝上滑落，雪松依然絲毫未損，抖擻精神的迎接下一次大雪的堆積。

可是其他樹木的樹枝，很輕易就被積雪壓斷，導致樹木的死亡；所以西坡除了雪松，有松、柏和女貞這類樹種。

帳篷中的妻子發現了這一景觀，對丈夫說：「東坡肯定也長過雜樹，只是不會彎曲才被大雪摧毀了。」

丈夫點頭稱是。少頃，兩人像突然明白了什麼似的，相互吻著擁抱在一起。

過大的壓力會把一個人壓垮，如果人們能學會雪松枝丫的那種彈性，將壓力「捨去」，便能擁有像雪松一樣，抖擻精神迎接更猛烈的風雪而屹立不倒。

因此，我們都不應該以一時的進退來看成敗，而是要以一種平和的心態化解掉內心的壓力，採取「以捨為得」的人生智慧，來實現雖然短暫卻精采萬分的人生。

老實問自己

如果你是故事中那對婚姻正瀕於破裂邊緣的夫妻，真的會因為體悟了「雪松的的枝丫，之所以不會被積雪折斷，主要是因為它富有彈性，才能承受積雪重量」的道理之後，因而，決定一起縫補婚姻的裂痕嗎？

捨不得の活法

我們都不應該以一時的進退來看成敗，而是要以一種平和的心態化解掉內心的壓力，採取「以捨為得」的人生智慧，來實現雖然短暫卻精采萬分的人生。

別人才不會突然尊重我們

對別人不感興趣的人，生活中困難最大，對別人的損害也最大。所有人類的失敗，都在這類人中發生。但是人所存在的觀念是，要別人先尊重他們；這絕對是個錯誤的想法。因為，別人才不會突然尊重我們。

尊重我們遇到的每一個人，原因有兩個；第一是他們需要尊重，第二是我們會為此得到更多的敬重。

尊重意味著不要再漠視，而是學會對別人產生興趣。如果對別人說的話表現出感興趣的樣子，在兩個月內交到的朋友，會比一臉興趣缺缺，一輩子所交到的朋友還多。

但是人所存在的觀念是，要別人先尊重他們；這絕對是個錯誤的想法。因為，別人才不會突然尊重我們。

紐約電話公司曾做了一個關於電話談話的詳細研究，最後得出人們講電話最常用的字，就是人稱代名詞「我」、「我」、「我」，因為，研究人員在五百次電話談論中，發現講電話的人，曾用過三九九〇次的「我」。

每個人最在意的就是自己，要讓別人主動在意我們、尊重我們，比登天還難！

維也納的著名心理學家亞德洛曾在他寫的《生活對你的意義》這本書中說：

「對別人不感興趣的人，生活中困難最大，對別人的損害也最大。所有人類的失敗，都在這類人中發生。」

還有另一個羅斯福總統的故事。他的黑人侍從愛默士曾寫過一本關於他的書，這本書的書名是《羅斯福——他侍從的英雄》。在那本書中，愛默士列舉了以下這件精彩的故事：

愛默士在書中寫道，我和妻子住在羅斯福總統住宅裡的一間小屋裡。有一次我的妻子問總統關於鶉鳥的事。由於，她從來沒見過這種鳥，因此，總統不厭其煩地對她詳細的講述了一番。過些時候，我房間裡的電話響了，我的妻子接電話，而打電話的就是羅斯福總統，他說，他打電話是想告訴她，她的窗外有一隻鶉鳥，如果她向外看，就可以看見它⋯⋯

愛默士說，像這樣的小事情，正是羅斯福總統的一種特點。無論什麼時候，當他經過我們的屋舍，即便他看不見我們，我們仍可聽得見「哎…安尼！」或「哎…詹姆士！」的呼喚聲，那正是他經過時的一種友善的問候…像貴為總統的他，還能這麼尊重他人，那些國會議員們，如何能不喜歡他這樣的人呢？

然而，這就是尊重他人所迴向的好處。

老實問自己

或許，我們都了解要別人尊重我們之前，自己必須先尊重別人，就像前述故事中的羅斯福總統一樣，但是，我們真的能夠做到「先尊重別人」這件看似「簡單」卻不是那麼容易做的到的事嗎？

捨不得の活法

尊重意味著不要再漠視，而是學會對別人產生興趣。如果對別人的話表現出感興趣的樣子，在兩個月的時間交到的朋友，會比一臉興趣缺缺，一輩子所交到的朋友還多。

你敢主動找「敵人」幫你的忙嗎?

給「敵人」一些小恩小惠，就能「化敵為友」嗎?不能，反而會引起他的疑心，他甚至會輕視自己…然而，主動請求「敵人」來幫你的忙，讓他的虛榮心得到滿足，以及覺得獲得了尊重…可能還比較有效。

富蘭克林年輕的時候，他把所有的積蓄都投資在一家印刷廠裡。之後，他又想辦法使自己獲選為費城州議會的文書辦事員。

因為，這樣一來，他就可以獲得為議會印刷文件的工作，讓自己獲利更多，因此，他費盡心思地讓自己能夠持續保有文書辦事員的這個好工作。

可是，沒有多久，出現了一項對富蘭克林不利的情況，因為，議會中有一位有錢又能幹的議員，非常不喜歡富蘭克林。

這位議員，不但不喜歡富蘭克林，甚至還公開斥罵他。

這種情況，對想做議會印刷生意的富蘭克林，非常不樂觀，因此，富蘭克林決定，用一些方法，讓這位議員喜歡他。

然而，富蘭克林心想，給「敵人」一些小恩小惠，就能解決這道難題嗎？不能，反而會引起他的疑心，他甚至會輕視自己。

因此，聰明的富蘭克林，採取了一個相反的辦法，他去請求這位議員，來幫他一個小忙，讓議員的虛榮心得到滿足，以及使他覺得獲得了尊重。因為，富蘭克林的這項請求，很巧妙地表示出他對這位議員的知識和成就的仰慕。

以下就是富蘭克林自己的論述：

「聽說這位議員的圖書室裡，藏有一本非常稀奇而特殊的書，我就給他寫一張紙條，表示我極欲一睹為快，請求他把那本書借給我。他馬上叫人把那本書送來了。過了大約一個星期的時間，我把那本書還給他，還附上一封信，強烈地表示我的謝意……然而，下次當我們在議會裡相遇的時候，他居然破天荒的第一次跟我打招呼，並且極為有禮。自那以後，他隨時樂意幫忙，於是我們變成很好的朋友，一直到他去世為止。」

富蘭克林所運用的心理手段，也就是請求別人幫自己忙的心理辦法，時至今日，仍然十分有效。

當我們有想「化敵為友」的對象時，何不試一試?很多時候，「捨得」去欠別人一分情，反而能「得到」更多的友情。

老實問自己

如果你遇到像前述故事中富蘭克林的那種狀況，你真的能夠像富蘭克林一樣，主動地低下頭，請求處處跟你做對的「敵人」來幫你的忙嗎?

捨不得の活法

當你懂得先「敬別人三分」，別人到最後可能會「還你十分」，很多時候，「捨得」去欠別人一分情，反而能「得到」更多的友情。

與其「忍辱」，還不如學會「捨怒」

生活中，經常看見很多人為了一點小事，而怒容滿面，甚至與其他人大打出手，這是欲成大事者的大忌。每個人都避免不了動怒，捨棄憤怒就是人生的必修課。

許多人都會在自覺與不自覺之間，信奉著一個字——「忍」，雖然信奉「忍」字的人很多，然而，真正瞭解它內涵的人，卻少之又少。

許多人將一幅幅地「忍」字的字畫懸掛於客廳、臥室，或印在鑰匙扣之上，而他們就像「葉公好龍」一般，喜歡的不是真「忍」，而是書畫上的假「忍」。

忍辱是制怒的一部分，在面對一些無理取鬧之人的諷刺與侮辱，能夠釋放於心外，才能制怒。但，光是壓制怒氣是不夠的，因為壓抑的怒氣只是深埋著，一個不穩定就如同火山爆發般噴發出來，我們真的要做到的，其實是「捨怒」！

要知道，如果我們欲成就一番事業，就應該時刻注意學會捨怒，不能讓浮躁憤怒，左右我們的情緒。

生活中，經常看見很多人為了一點很小的事情而怒容滿面，甚至與其他人大打出手，這是欲成大事者的大忌。每個人都避免不了動怒，捨棄憤怒就是人生的必修課，那些怒火橫衝直撞，而不加抑制的人是難成大器的。

明神宗時，曾經官至戶部尚書的李三才，可以說是一位好官。當時他曾經極力主張罷除天下礦稅，減輕民眾負擔；而且他疾惡如仇，不願與那些貪官同流合污。但是他在「捨怒」上的造詣卻太差。

有次上朝，他居然對明神宗說：

「皇上愛財，也該讓老百姓得到溫飽。皇上為了私利而盤剝百姓，有害國家之本，這樣做是不行的。」

李三才毫不掩飾自己的憤怒、說話也不客氣的行為，激怒了明神宗，他也因此被罷官。

古人常說「喜形不露於色」，而李三才卻不明白此點，不分場合、對象隨意發怒，自然只能產生失敗的後果了。

「捨怒」除了戒除衝動，還有一點就是戒囂張。衝動是由傲氣引起的，因此戒囂張的根源，就在戒除傲氣上，而戒除了傲氣就解除了囂張。

老實問自己

如果你跟前述故事中的李三才一樣疾惡如仇，不願與貪官同流合污，你能保證自己在面對不公不義的事情時，不會跟李三才一樣，犯了不能「捨怒」的錯誤嗎？

捨不得の活法

忍辱是制怒的一部分，在面對一些無理取鬧之人的諷刺與侮辱，能夠釋放於心外才能制怒。但，光是壓制怒氣是不夠的，因為壓抑的怒氣只是深埋著，一個不穩定就如同火山爆發般噴發出來，我們真的要做到的，其實是「捨怒」！

只看得見自己，卻看不見別人

「虛心使人進步，驕傲使人落後」的道理世人皆知，但是真正能做到的人，卻屈指可數，因此，我們唯有謙遜己身，才能進步。

凡是情緒比較浮躁的人，都不能做出正確的決定。

在成功人士之中，基本上都比較理智。所以，如果一個人想要獲得成功，首先就要控制自己浮躁的情緒。

有一個傲氣十足的富商，挺著大肚子來到寺院，傲慢地站在財神面前說：

「你有什麼？還不是依靠我的供品，你才能活下去？」

禪師聽到後很生氣，就把富商帶到窗前說：

「向外看，告訴我，你看到了什麼？」

「看到了許多人。」富商說。

禪師又把他帶到一面鏡子前，問道：

「你看到了什麼?」

「只看見我自己。」富商回答。

「玻璃鏡和玻璃窗的區別，只在於那一層薄薄的銀子，這一點點可憐的銀子，就讓有的人只看見他自己，而看不見別人了。」

聽見禪師這番話，富商面帶愧色地離去。

富翁就是心浮氣躁過於傲慢，才會眼中只看見自己的財富，看不見這個世界對他無形的付出。

「虛心使人進步，驕傲使人落後」的道理世人皆知，但是真正能做到的人，卻屈指可數，因此，我們唯有謙遜己身，才能進步。

「虛心」雖然很難達到，但只要做到「捨去執著」與「放下傲慢」，便不難領悟其中的真諦。一個人若是能事事虛心以對，那麼不論遇到再大的苦難、挫折都不會有所罣礙，自然心情也不會有所浮動。

所以，我們應當提高自己控制浮躁情緒的能力、時時提醒自己，有意識地控制自己情緒的波動，日日練習「虛心」的功課。千萬不要喜怒無常，動不動就指責別人。

只有改掉這些壞毛病，努力使自己成為一個容易接受別人和被人接受的性格隨和的人，才能讓自己成就一番大事。

老實問自己

我們是不是經常會因為不夠「虛心」，因此，經常跟前述故事中那個富翁一樣，三不五時就會做出「只看得見自己，卻看不見別人」的事情嗎？

捨不得の活法

「虛心」雖然很難達到，但只要做到「捨去執著」與「放下傲慢」，便不難領悟其中的真諦。一個人若是能事事虛心以對，那麼不論遇到再大的苦難、挫折都不會有所罣礙，自然心情也不會有所浮動。

第三輯：不該是自己的，再如何爭也白搭

少點慾望，多點情趣，人生會更有意義，何況該是自己的怎麼樣也跑不掉，不該是自己的，再如何爭也白搭。

給生命一份從容

進是憂，退也憂；不被外在影響，才能解放真實的自我。有的人對生命有太多苛求，弄得自己生活在筋疲力盡之中，從沒體味過幸福和欣慰的滋味，憂慮和恐懼時常伴隨，一輩子實在是糟糕至極。

五光十色的視覺感受，會讓人眼花繚亂產生錯覺，雜亂的靡靡之音聽多了，聽力會變得遲鈍。

豐美的飲食，使人味覺遲鈍。縱情圍獵，使人內心瘋狂；珍稀的器物，使人行為失常。因此，有道的人只求安飽而不追逐聲色之娛，所以摒棄物欲的誘惑而吸收有利於身心自由的東西。

這是老子對慾望的看法，他的意思是說，如果一個人過分追求感官刺激，則會傷其身、亂其心。

一個人一旦被欲望纏上了身，就難以得到安寧，時刻彷彿有大患在身，無論得寵還是受辱，心理上總是時時處於驚恐之中。

人生歷世，多一物多一心，少一物少一念，不要為外物所拘，心安理得處，就可明心見性。

如果有一個地方，能讓我們心安，能讓我們拋卻浮躁，那不正是我們理想的棲息地嗎？我們又何必刻意地去尋找呢？一片生機盎然的花圃，一座巍巍蔥蘢的大山，一場密匝匝的雪花，一本泛著墨香的書卷，都可以成為我們自由的棲息地，都可以容納我們放逐的心靈和漂泊的意志。

要想自由的棲居，耐得住寂寞，必須捨得了繁華。

如果心戀浮華，不捨喧囂，是不會得到心靈安頓的。這就好比一個人，終日汲汲於富貴，切切於名祿，桎梏於外物，他又怎麼可能出離塵世而追尋幽獨？又好比是一匹馬，如果被拴上了車套，只有一味的賣力奔馳，哪還會有機會停下來思索自己的生命呢？

有的人對生命有太多苛求，弄得自己生活在筋疲力盡之中，從沒體味過幸福和欣慰的滋味，生命也因此局促匆忙，憂慮和恐懼時常伴隨，一輩子實在是糟糕至極。

人生一切痛苦的根源，就是對於外物的追求和執著。超越外物，就是超越自我。無物也就是無我，自己的心境也就不會隨著外物的變化遷移而波動。

月圓月虧皆有定數，豈是人力所能改變的？不如放下，給生命一份從容，給自己一片坦然。

要知道，捨去了太陽，不是還有浩渺的繁星在等待嗎？

老實問自己

我們都知道不能對生命有太多苛求，弄得自己生活在筋疲力盡之中，但是如果我們在好不容易有一點小成就之後，還有更上一層樓的機會，我們會為了讓生命多一份從容和自在的狀況下，因而放棄掉嗎？

捨不得の活法

人生一切痛苦的根源，就是對於外物的追求和執著。超越外物，就是超越自我。無物也就是無我，自己的心境也就不會隨著外物的變化遷移而波動。

不要站在「聖人」的角度，去評判別人的對錯

對自己的錯誤要反省；別人的過錯要忘記。既然說出來的話，不能帶給別人向上的力量，只會帶來低劣的氣氛，又為什麼一定要把話說出口呢？何不「放棄」就要脫口而出的批評。

這個世界上不喜歡聽讚美的人恐怕不多，然而喜歡聽批評的人卻少之又少。事實上，我們有時總是說得太多，總喜歡站在一個「聖人」的角度去評判別人的是與非、錯與對。既然說出來的話，不能帶給別人向上的力量，只會帶來低劣的氣氛，又為什麼一定要把話說出口呢？何不「放棄」就要脫口而出的批評。

每個人都有自己的生活環境，環境造就每個人的處事原則與方法上存在的差異，這就好比穿鞋，倘若我們不穿上別人的鞋，怎麼會知道別人的腳是舒服還是痛苦？

在雨果不朽的名著《悲慘世界》裡，主人公尚萬強本是一個勤勞善良的人，但窮困潦倒，度日艱難。為了不讓家人挨餓，迫於無奈，他偷了一個麵包，被當場抓獲，判定為「賊」，鋃鐺入獄。

出獄後，他到處找不到工作，飽受世俗的冷落與恥笑。從此他真的成了一個賊。員警一直都在追蹤他，想把他再次送進監獄，他卻一次又一次逃脫了。

在一個風雪交加的夜晚，他饑寒交迫，昏倒在路上，被一個好心的神父救起。神父把他帶回教堂，他卻在神父睡著後，把神父房間裡的所有銀器席捲一空。不料，在逃跑途中被員警逮個正著。

當員警押著尚萬強到教堂，讓神父辨認失竊物品時，尚萬強絕望地想：

「完了，這一輩子只能在監獄裡度過了！」

誰知神父卻溫和地對員警說：

「這些銀器是我送給他的。他走得太急，還有一件更名貴的銀燭台忘了拿，我這就去取來！」

員警走後，神父對他說：

「過去的就讓它過去，重新開始吧！」

從此，尚萬強洗心革面，重新做人。他搬到一個新地方，努力工作，積極上進。後來，他成功了，畢生都在救濟窮人，做了大量對社會有益的事情。

將尚萬強逼進險路的，正是那些過多又不公正的批評、偏見，而讓他得以回頭的，是神父不評不論，充滿寬容的態度。

這個世界上的批評實在太多了，讓我們「放棄」批評的權利，讓這個社會多一些寬容吧。

老實問自己

如果你是雨果不朽名著《悲慘世界》裡那個讓尚萬強得以回頭的神父，你真的會有那麼大的胸襟，原諒將你的房間裡所有貴重物品全部偷光的那個「恩將仇報」的人嗎？

捨不得の活法

每個人都有自己的生活環境，環境造就每個人的處事原則與方法上存在的差異，這就好比穿鞋，倘若我們不穿上別人的鞋，怎麼會知道別人的腳是舒服還是痛苦？

每個人都是獨一無二的自己

沒有誰輸誰贏，每個人都是獨一無二的自己。生活中的許多煩惱都源於我們盲目地和別人攀比，而忘了享受自己擁有的幸福。踏踏實實地做我們自己，「放棄」比較、「放棄」成為別人，幸福、快樂自然會圍繞在我們身邊。

誹謗或者搬弄是非的人往往出於一種嫉妒之心，這些人對自己的生活感到不滿足和失落，只要別人比他們生活過的好點兒，他們就受不了。

如果我們能夠安心享受自己的生活，不和別人比較，在生活中就會減少許多無謂的煩惱。然而，有一則寓言故事精準地詮釋了這個道理：

有一天，一個國王獨自到花園裡散步，使他萬分詫異的是，花園裡所有的花草樹木都枯萎了，園中一片荒涼。

後來國王瞭解到，橡樹由於妒忌松樹那高大挺拔的身段，因此輕生厭世死了；葡萄哀嘆自己終日匍匐在架上，不能像桃樹那樣開出美麗的花朵，於是也死了；牽牛花因為它嘆息自己沒有紫丁香那樣的芬芳也病倒了。

其餘的植物也都垂頭喪氣，沒精打采，只有最弱小的心安草還茂盛地生長。

國王問道：

「心安草，別的植物全都枯萎了，為什麼你這小草卻安然無恙呢？」

心安草回答說：

「國王啊，我一點也不灰心、不嫉妒別人，因為我知道，如果國王您想要一棵橡樹，或者一棵松樹、一叢葡萄、一株桃樹、一株牽牛花、一棵紫丁香等等，您就會叫園丁把它們種上，而我知道您對我的希望，就是要我安心做小小的心安草。」

如果我們僅僅想獲得幸福，那很容易實現。但是，我們如果希望比別人更幸福，就會感到很難實現。

因為我們對於別人幸福的想像總是超過實際情形。生活中的許多煩惱都源於我們盲目地和別人攀比，而忘了享受自己擁有的幸福。

「靜坐常思」，思的是什麼？應該是自己不知足與攀比產生的錯誤；「閒談莫論」，不讓「論」的是別人的生活與作風。

踏踏實實地做我們自己，「放棄」比較、「放棄」成為別人，幸福、快樂自然會圍繞在我們身邊。

老實問自己

如果你是花園裡面的一種植物，你真的甘心放棄做一棵國王想要的橡樹，或者國王喜歡的一棵松樹、一叢葡萄、一株桃樹、一株牽牛花、一棵紫丁香等等，而安份地做一棵不起眼的小小心安草嗎？

捨不得の活法

如果我們僅僅想獲得幸福，那很容易實現。但是，我們如果希望比別人更幸福，就會感到很難實現。因為我們對於別人幸福的想像總是超過實際情形。

接近極限的時候，要有「放棄」的覺悟

人應該盡力克制自己過高的慾望，培養清心寡慾，知足常樂的生活態度。在追求快樂的時候，不要忘記「樂極生悲」這句話，適可而止，才能掌握真正的快樂。

中國有一句俗話叫「知足常樂」。佛教的理想是「少慾知足」。

孟子有一句話：「養心莫善於寡慾」，是說希望心能夠正，慾望愈少愈好。他還說：「其為人也寡慾，雖不存焉者寡矣；其為人也多慾，雖有存焉者寡矣。」慾少則仁心存，慾多則仁心亡，說明了慾與仁之間的關係。

自古仕途多變動，所以古人以為身在官場的紛擾中，必須擁有時刻淡化利慾之心的心理。

利慾之心，人固有之，甚至生亦我所欲，所欲有甚於生者，這當然是正常的。問題要

能進行作取捨，不把一切看得太重，到了接近極限的時候，要有「放棄」的覺悟，跳得出這個圈子，不為利慾之爭，而捨棄了一切。

除了生存的慾望以外，人還有各種各樣的慾望，自我實現就是其中之一。

慾望在一定程度上，是促進社會發展的動力，可是，慾望是無止境的，慾望太強烈，就會造成痛苦和不幸，這種例子不勝枚舉。

因此，人應該盡力克制自己過高的慾望，培養清心寡慾，知足常樂的生活態度。

但要注意的是，在追求快樂的時候，不要忘記「樂極生悲」這句話，適可而止，才能掌握真正的快樂。

美味佳餚吃多了就如同吃藥一樣，只要吃一半就夠了；令人愉快的事追求太過，則會成為敗身喪德的媒介，能夠控制一半才是恰到好處。

所謂「花看半開，酒飲微醉，此中大有佳趣。若至爛漫酕醄，便成惡境矣。履盈滿者，宜思之。」意即賞花的最佳時刻是含苞待放之時，喝酒則是在半醉時的感覺最佳。凡事只達七八分處，才是最有樂趣的時候。

正如酒止微醺，痛飲狂歡固然快樂，但是等到曲終人散，夜深燭殘的時候，面對杯盤狼藉，必然會興盡悲來，感到人生索然無味。

天下事大多如此，為什麼不及早醒悟呢？

老實問自己

或許，我們都知道在追求快樂的時候，不要忘記「樂極生悲」，適可而止，才能掌握真正的快樂，但是，在現實生活中，我們在追求快樂時，真的能夠做到適可而止嗎？如果能做的到，那為何我們會動不動就到「吃到飽」的餐廳去虐待自己的胃，我們為何會動不動就去夜店喝酒狂歡，去跟自己的肝過不去呢？

捨不得の活法

問題要能進行作取捨，不把一切看得太重，到了接近極限的時候，要有「放棄」的覺悟，跳得出這個圈子，不為利慾之爭，而捨棄了一切。

別對愛情，寄予了太多的美好想像

與其長期沉浸在悲傷的漩渦中，不如勇敢地正視現實，學會自己撫慰自己那顆慘痛的心，讓身心得到解脫。

所有的感情傷害中，愛情傷害之所以最痛，首先在於愛情的理想化，對愛情的理想，不但是女人的渴望，也是男人的憧憬。

愛情雖然甜蜜、幸福，但是愛的航程並非永遠一帆風順，風平浪靜，有時會遭遇暴風、漩渦、暗礁，使愛著的人，突然陷入失戀的深深痛苦之中。

正是由於對愛情寄予了太多的美好想像和希冀，所以失戀的人常常會無止境地緬懷逝去的愛，在這緬懷的過程中，反覆出現在自己記憶裡的並不真正是一個完美的異性，而是自己杜撰的那份完美的感覺。

於是他們更加捨不得放棄這段感情，更加捨不得離開那個人，一種斬不斷理還亂的感情，常常搞得失戀者焦頭爛額、痛苦不堪。

懷著滿腔熱情去追求至善至美的愛情，換來的卻是一盆冷水，這種痛苦當然可以理解，可是，痛苦、悔恨、輕生等都無法改變失戀的現實，與其長期沉浸在悲傷的漩渦中，不如勇敢地正視現實，學會自己撫慰自己那顆慘痛的心，讓身心得到解脫。

雨果二十歲那年，與年輕貌美的阿黛．富謝結了婚。可是婚後的第十年，阿黛突然另結新歡，追隨一位作家而去。

這使雨果十分痛苦，又備受打擊。次年，他結識了女演員茱麗葉．德魯埃，兩人墜入愛河，這才使他那顆傷痛的心得到撫慰。

阿黛離開雨果後，生活並不幸福，經濟一度很拮据，幾乎到了舉步維艱的地步。一次，她精心製作了一隻鑲有雨果、拉馬丁、小仲馬和喬治．桑四位作家姓名的木盒，到街頭出售，可是因為要價太高，很多天無人問津。

一天，雨果從那兒經過看見了，就託人過去悄悄地買下來，這只木盒仍陳列在巴黎雨果故居展覽館裡。

愛是無私的，經過了一段憂傷的歲月之後，雨果「放棄」了怨恨、不甘、痛苦，把負面情緒化作一種內心的安寧，這種安寧也就變成最美的愛。

老實問自己

如果你是前述故事中的雨果，你能否像雨果一樣，不僅「放棄」了對前女友的怨恨、不甘、痛苦，而且還能夠「以德報怨」，在顧及前女友自尊情況下，暗地幫助前女友嗎？

捨不得の活法

正是由於對愛情寄予了太多的美好想像和希冀，所以失戀的人常常會無止境地緬懷逝去的愛，在這緬懷的過程中，反覆出現在自己記憶裡的是自己杜撰的那份完美的感覺。

愛過之後，才知道愛情沒有對錯

沒辦法猜測對方的心意，但還是盡情去愛吧；寧願因為愛過而受傷，也不要沒愛而懊悔。

愛情全仗緣分，緣來緣去，不一定需要追究誰對誰錯。愛與不愛又有誰可以說得清？當愛著的時候，只管盡情地去愛，當愛失去的時候，就瀟灑地揮一揮手，人生短短幾十年而已，自己的命運把握在自己手中，沒必要在乎得與失。

「得到」必定伴隨著「放棄」，「熱戀」必定緊接著「分離」。

盧梭十一歲時，被大他十一歲的德．菲爾松小姐深深地吸引住。

他們很快就戀愛起來。但不久盧梭發現，她對他的好只不過是為了激起另一個她偷偷愛著的男友的醋意！

他發誓永不再見到這個負心的女子。可是，二十年後，已享有極高聲譽的盧梭回故里看望父親，在波光瀲灩的湖面上，他居然意外看到離他們不遠的一條船上的菲爾松小姐。她衣著簡樸，面容憔悴，盧梭想了想，還是讓人悄悄地把船劃開了。他說：「雖然這是一個相當好的復仇機會，但我還是覺得不該和一個四十多歲的女人，算二十年前的舊帳。」

愛過之後，才知愛情本無對與錯，是與非，快樂與悲傷會攜手和我們同行，直至生命結束。

盧梭遭到最愛的人無情愚弄後，悲憤與怨恨可想而知，但是重逢之際，當初那種火山般噴湧的憤怒與報復慾未曾復燃，卻選擇了悄悄走開。

這恰好說明世上千般情，唯有愛最難說得清。

世界上有很多在愛情生活方面不幸的人，卻成了千古不朽的偉人。因此，對失戀者來說，對待愛情要學會「放棄」，學會休整，畢竟一段過去不能代表永遠，一次愛情不能代表永生。

要知道，痛苦終會過去，受傷的心靈必將癒合。只要熱愛生活，有愛的火種，就必然會有愛的新天地。

老實問自己

如果你是前述故事中的盧梭，你真的能夠像盧梭一樣，可以那麼瀟灑地「放棄」對前女友復仇的好機會，甚至能夠豁達到告訴自己「不該和一個四十多歲的女人，算二十年前的舊帳。」

捨不得の活法

愛過之後，才知愛情本無對與錯，是與非，快樂與悲傷會攜手和我們同行，直至生命結束。對失戀者來說，對待愛情要學會「放棄」，學會休整，畢竟一段過去不能代表永遠，一次愛情不能代表永生。

過去不代表現在或將來

面對過去的輝煌也好、失意也罷，太放在心上就會成為一種負擔，容易讓人形成一種思維定勢，結果往往令曾經輝煌過的人不思進取。

《壇經》寫著：苦口的是良藥，逆耳必是忠言。改過必生智慧，護短心內非賢。

對於過去的錯誤，我們不應耿耿於懷，《壇經》上說的「改過必生智慧，護短心內非賢」，意思有兩個，一個是說知錯能改善莫大焉，另一個就是讓人們不要總停留在過去，過去的成功和失敗，都不能代表現在和未來。

唐代文學家、哲學家柳宗元對於禪學也頗有研究，他所作的《禪堂》一詩，也暗藏著深刻禪理。

萬籟俱緣生，杳然喧中寂。

心境本同如，鳥飛無遺跡。

這首詩是柳宗元被貶之後的詩作，前兩句詩的意思是：大自然的一切聲響都是由因緣而生，那麼，透過因緣，能夠看到本體；在喧鬧中，也能夠感受到靜寂。後兩句意思是說心空如洞，更無一物，所以就能不被物所染，飛鳥（指外物）掠過，也不會留下痕跡。

它不僅寫出了被貶之後的幽獨處境，而且道出了禪學對這種心境的影響。

人的一生由無數片段組成，而這些片段可以是連續的，也可以是風馬牛毫無關連。說人生是連續的片段，無非是人的一生平平淡淡、無波無瀾，周而復始的過著循環往復的日子；說人生是不相干的片段，因為人生的每一次經歷都屬於過去，在下一秒我們可以重新開始，可以忘掉過去的不幸、忘掉過去不如意的自己。

同樣，當年的輝煌，僅能代表我們過去，而不代表現在。

面對過去的輝煌也好、失意也罷，太放在心上就會成為一種負擔，容易讓人形成一種思維定勢，結果往往令曾經輝煌過的人不思進取，讓那些曾經失敗過的人依然沉淪、墮落。

老實問自己

雖然，我們都知道面對過去的輝煌也好、失意也罷，太放在心上就會成為一種負擔，但問題是我們真的能夠捨棄過去那些豐功偉業嗎？我們真的能夠體會「昨天的全壘打，並不能為今天的比賽得分」這句話的涵義嗎？

捨不得の活法

人生的每一次經歷都屬於過去，在下一秒我們可以重新開始，可以忘掉過去的不幸、忘掉過去不如意的自己。

不該是自己的，再如何爭也白搭

少點慾望，多點情趣，人生會更有意義，何況該是自己的怎麼樣也跑不掉，不該是自己的，再如何爭也白搭。

有一天，有位大學教授特地向日本明治時代著名禪師南隱問禪，南隱只是以茶相待，卻不說禪。

他將茶水注入這位來客的杯子，直到杯滿，還是繼續注入。這位教授眼睜睜地望著茶水不停地溢出杯外，再也不能沉默下去了，於是他終於說道：

「已經溢出來了，不要再倒了！」

「你就像這只杯子一樣。」南隱答道，「裡面裝滿了你自己的看法和想法。你不先把自己的杯子空掉，叫我如何對你說禪呢？」

人生就是如此，只有把自己「茶杯中的水」倒掉，才能讓人生倒入新的「茶水」。

同樣的，很多人被洗了腦，誤以為有高學歷、高薪水，頂著名校畢業的光環去百大企業工作，就代表著幸福的人生。

所以常常看到有些人為了心中夢寐以求的機會，請客送禮，煞費苦心地找關係、託門路、機關算盡，而結果往往與願相違；還有些人沒辦法進去好學校、好公司，就牢騷滿腹，借酒澆愁，甚至做些對自己不負責任的事情。

凡此種種，真是太不值得了！他們這樣做都是因為太看重外在的價值，認為自己獲得的更多、生活得更好，為了有機會得到更多的物質，甚至把自己的身家性命都壓在了上面。

其實生命的樂趣很多，何必那麼關注功名利祿這些身外之物呢？少點慾望，多點情趣，人生會更有意義，何況該是自己的怎麼樣也跑不掉，不該是自己的，再如何爭也白搭。

古人說過：求名之心過盛必作偽，利慾之心過剩則偏執。面對名利之風漸盛的社會，面對物質壓迫精神的現狀，要能夠做到視名利如糞土，視物質為贅物，在簡單、樸素中體驗心靈的豐盈、充實，並將自己始終置身於一種平和、自由的境界。

注重中庸並保持淡泊人生，樂趣知足的心態，才能使自己體會出無盡的樂趣，達到人生的理想境界。

老實問自己

我們經常帶著裡面裝滿自己看法和想法的「杯子」，去向別人請教，但是，如果你想向他請教的人，叫你先把「杯子」空掉，再回來向他請教時，你會虛心地接受嗎？

捨不得の活法

每個人就像一只杯子一樣，裡面裝滿了自己的看法和想法，如果不先把自己的「杯子」空掉，要如何能倒入新的「茶水」呢？

第四輯：記住該記住的，忘記該忘記的

學會淡忘那些負面情緒及不良資訊，人生短暫，何必對過去的痛苦耿耿於懷呢？何必要自己傷害自己呢？對我們最有害的是懷恨、不滿和煩惱……等等的負面情緒，如果把這些負面情緒都融化掉，甚至可以使癌症痊癒。

不是你的，爭了也沒用

追求名利地位，本來無可非議。立於天地之間，把自己的聰明才智貢獻給社會，因而得到名利、地位也是應該的，只是不要單純為貪圖名利地位，而不惜一切地去追求。

古人說，權勢過高，物極必反，所以要「捨去」對權勢的迷戀，不要過分貪戀高官厚祿。權力在握，並不是一成不變，有權應該正確地行使，否則胡作非為，為所欲為，置民生、國家於不顧地爭權奪勢的人，是不會有好下場。

自古以來，官場之上相互傾軋，有因妒嫉別人，進讒言害人的；還有貪圖利祿，不能全身而退，以至於遭到殺身之禍的，這些人都是不能去「捨棄」競爭慾望的人，因而也導致他們自身的滅亡。

大凡競爭這種慾望，對君主有利，對臣子不利；對等級名分有利，對大臣奪權不利。

只有盲目的人，才會拚死命去競爭，為了讓自己站得更高，而把別人踩在腳底下。

而對於競爭，不同的人，態度不同，有的人很明智，知道競爭後得到的權勢，不一定能夠給人帶來幸福，所以不去爭權奪勢，而是忍耐住自己對爭奪的渴望，在事業成功時，全身而退。

西漢張良，小時候在下邳遊歷，在破橋上遇到黃石公，替他穿鞋，因而從黃石公那裡得到一本書，即是《太公兵法》。

後來張良追隨漢高祖，靠著《太公兵法》平定天下後，漢高祖封他為留侯。張良說道：「憑一張利嘴成為皇帝的軍師，並且被封了萬戶子民，位居列侯之中，這是平民百姓最大的榮耀，我張良很滿足了。願意放棄人世間的糾紛，跟隨赤松子去雲遊。」

司馬遷對張良評價說：

「張良這個人通達事理，把功名等同於身外之物，不看重榮華富貴。」

追求名利地位，本來無可非議。立於天地之間，把自己的聰明才智貢獻給社會，從中獲得社會的公認，而得到名利、地位也是應該的，只是不要單純為貪圖名利地位，而不惜一切地去追求。

「捨去」名利地位中的競爭，就是要不貪權力、不仗勢欺人、不妒嫉他人的成功，嚴以律己，寬以待人。成功了不自傲，失意了也不妄自菲薄。

只有這樣才能禁得住大風大浪的考驗，進而戰勝艱難困苦，立於不敗之地。

老實問自己

如果你像前述故事中張良一樣，為公司創造無人可及的績效，獲得上司高度的肯定和讚賞，你會在攀上權力最高峰的時候，選擇急流湧退，退隱山林，去過平凡人的平凡日子嗎？

捨不得の活法

執著眼前歡樂的人，得不到永久的幸福。

「捨去」名利地位中的競爭，就是要不貪權力、不仗勢欺人、不妒嫉他人的成功，嚴以律己，寬以待人。成功了不自傲，失意了也不妄自菲薄。

記住該記住的，忘記該忘記的

學會淡忘那些負面情緒及不良資訊，人生短暫，何必對過去的痛苦耿耿於懷呢？何必要自己傷害自己呢？對我們最有害的是懷恨、不滿和煩惱⋯等等的負面情緒，如果把這些負面情緒都融化掉，甚至可以使癌症痊癒。

每個人都有一個不變的話題，就是自己在小的時候所受的苦楚。讀書時的窮困，家境不好而受到的冷遇，以及親戚、朋友如何如何對不起自己⋯⋯為此一直耿耿於懷，因而抑鬱寡歡。

其實，這都是數十年前的陳年舊帳了，我們卻為此所困，始終不開心，常年處於負面、陰暗的心態中，嚴重損害了身心健康。這樣活著真是痛苦！

豈不知，有的事情需刻骨銘心，永世不忘；有的事情則要儘快淡忘，所謂事來則應，事去則淨。

然而，那些事該從我們的記憶中「捨去」？

應「捨去」人生中的挫折與不幸；應「捨去」名利的得失；應「捨去」歲月的傷痕；應「捨去」別人對自己的傷害；應「捨去」陳腐、過時的觀念。

這樣我們才能擺脫往事的陰影，保持常樂的狀態。

加州大學一篇保健資料提出：半數以上的早老性癡呆和百分之八十左右的惡性腫瘤都與生活中的負面情緒及不良資訊有關。

因此，我們有必要學會淡忘那些負面情緒及不良資訊，學會保護自己的心理健康。

人生短暫，何必對過去的痛苦耿耿於懷呢？何必要自己傷害自己呢？對我們最有害的是懷恨、不滿和煩惱⋯等等的負面情緒，如果把這些負面情緒都融化掉，甚至可以使癌症痊癒。

我們一定要對「過去」網開一面，寬恕所有的人；而寬恕別人，就是愛護自己，是真正、徹底地愛護自己。要知道，最有力量的是寬恕，是慈悲；最有力量的是「當下」，不是過去，也不是將來。

面對錯怪或傷害過自己的人，我們的心靈不要被仇恨、煩惱所蒙蔽，甚至怒火中燒、煩惱怨恨，因為這對自己比對他人所造成的傷害，將有過之而無不及。

因此，即使在不如意的環境中，也要努力營造一個充滿歡樂與友愛的生活。回想我們所恨的人的一些優點，念及他曾做過的一些好事，而對他拙劣的一面視而不見，如此怒氣可能就會緩和下來，煩惱會煙消雲散，心中會充滿祥和。

老實問自己

我們都知道必須捨棄掉對自己最有害的懷恨、不滿和煩惱⋯等等的負面情緒，才能讓自己的身心健康，但是當我們一旦真的陷入這些負面情緒的泥沼中，我們真的能做到完全擺脫這些負面情緒的糾纏嗎？

捨不得の活法

那些事該從我們的記憶中「捨去」？

應「捨去」人生中的挫折與不幸；應「捨去」名利的得失；應「捨去」歲月的傷痕；應「捨去」別人對自己的傷害；應「捨去」陳腐、過時的觀念。

做人要擁有自己的主見，而不是偏見

人生的主張來自於自身對生命意義的思索與定調，如何為人生的軌跡定下座標？自己從何處來？要什麼？不要什麼？都要有一定的看法。

做為一個人要擁有自己的主見，不要輕信，不要盲從，不要人云亦云，要獨立思考，要活出自己的主張。

人要能夠獨立思考，這樣才能維持一個人的格調。一般人都只有偏見，而鮮少有自己的想法，尤其是擁有不被社會左右，自己獨一無二的想法，所以難有吸引人的特質。

我們要「捨去」那些固有的偏見和古板，讓思緒擁有自己獨特的風格。

元朝大臣、著名的學者許衡，小的時候曾經跟著一群小朋友到荒郊野外去遊玩。大家都玩得很瘋狂，由於正值大熱天，不久就覺得口渴了。這個時候，剛好路旁有一棵梨樹，於是，大家便爭相前去搶摘梨子。

正當大家吃得津津有味的時候，忽然發現許衡安安靜靜地坐在樹下，並沒有參加搶梨大戰。

有人就很納悶地問他為什麼不去摘梨子，他卻淡淡地回答說：

「不是自家的東西，不能隨便摘。」

許衡這麼說，大家都不以為然，都覺得掃興，還紛紛回嘴說：

「現在是什麼時期？這只不過是一棵沒有主人的梨樹而已，為什麼不能摘來吃？不吃白不吃，你未免太傻了吧！」

許衡聽到這話，有點惱怒，立刻一本正經地反駁道：

「這棵梨樹也許真的沒有主人，可是我們的心，難道也沒有主嗎？一定要隨心所欲偷吃不是屬於自己的東西嗎？」

人生的主張來自於自身對生命意義的思索與定調，如何為人生的軌跡定下座標？自己從何處來？要什麼？不要什麼？都要有一定的看法。

在人生的過程中，一個人有沒有自己的想法，就是看心中有主？還是無主？

心中無主，則較容易隨著外在環境與自身的欲望流動，容易顯現出焦躁不安的情緒，或許外強中乾，不堪一擊；心中有主，走在人生的路途，就能攻守自如，剛柔並濟，顯現出不被影響，堅定無比的人生態度！

老實問自己

如果你是前述故事中的許衡，你真的會在大家在吃從樹上偷摘下來的梨子，正吃著津津有味的時候，正義凜然地說著：「不是自家的東西，不能隨便偷摘下來吃…」這種讓人聽起來很白目的話嗎？

捨不得の活法

一般人都只有偏見，而鮮少有自己的想法，尤其是擁有不被社會左右，自己獨一無二的想法，所以難有吸引人的特質。我們要「捨去」那些固有的偏見和古板，讓思緒擁有自己獨特的風格。

學會做自己的主人

人生能活著，是很不容易的，所以我們一定要學會做自己的主人，千萬別活在別人的想法和評論上，更不能活在別人的期待中！

在人的一生當中，或許會有很多的負擔和一些不幸，但卻也絕非全然。因為，只要自己心中有主張，我們還是有可能掌握到歡喜的片刻。換句話說，就是生命或許悲苦，但苦中也可作樂，但關鍵就在於我們內心中的一個心態或一個主張。

有位詩人曾說：

「春有百花秋有月，夏有涼風冬有雪；若無閒事掛心頭，便是人間好時節。」

這話說得多麼美好！事實上，我們面對這無常的人生與多變的生活，就應該以這樣的心態來對待。

人生之旅就好像是一年四季，總有春、夏、秋、冬。

我們除了要懂得欣賞春花秋月的美外，也不應該忽視夏涼冬雪的時刻，各個時節都有它們的美好，我們缺乏的不是美，而是發現美的餘裕。

生命中的每一個時刻都有它的階段意義，生活中的每一片刻，也都有它的情趣。無時無刻，生命必定是美麗的，這便是「隨遇而安」的人生主張。

所以，不要為他人和外物所左右，經常為他人所左右的人，心中充滿恐懼，進而坐立不安。這種人的人生必定充滿坎坷。因為，他經常對他人的要求產生不必要的責任感，而無法做自己的主人。

要敢於對別人說「不」，不要懷有罪惡感，讓煩躁出去，才能把快樂迎進來。也要勇於對自己說「不」，不要因為拒絕他人，而自討苦吃的產生壞情緒，把所有的壞情緒通通「捨去」通通「丟開」。

活著時候，應該擁有的主張，歸根究柢，就是忘卻外在的束縛，追求內心的一種超越，進退榮辱，是非成敗，全部罣礙於胸，獲得屬於自己的那份恬淡和真純。這樣的生活才最有格調，也最有主張。

人生能活著，是很不容易的，所以我們一定要學會做自己的主人，千萬別活在別人的想法和評論上，更不能活在別人的期待中！

我們要做回自己，做出真實的自我！

老實問自己

「千萬別活在別人的想法和評論上，更不能活在別人的期待中……」這句話的道理每個人都懂，但是我們敢捫心自問，自己每天所做的每件事情，有那一件不是在迎合別人對自己的期待，因而才做的嗎？

捨不得の活法

要敢於對別人說「不」，不要懷有罪惡感，讓煩躁出去，才能把快樂迎進來。也要勇於對自己說「不」，不要因為拒絕他人而自討苦吃的產生壞情緒，把所有的壞情緒通通「捨去」通通「丟開」。

「知足」是一種用不完的財富

人能擁有的最大財富，就是沒有慾望。其實，我們賺錢，就是為了讓自己的生活過得好一些。如果只是埋頭苦幹，沒有享受的樂趣，那生活還有什麼意義？

很久以前有個農夫，他每天早出晚歸地耕種一小片貧瘠的土地，收成卻很有限。一位官員可憐農夫的境遇，就和善的對農夫說：

「只管你往前跑，只要是你跑過的地方，不管多大，那些土地就全部歸給你。」

於是，農夫興奮地向前跑，一直跑一直跑、一直不停地跑！跑累了，正想停下來休息的時候，一瞬間，就想到家裡的妻子、兒女，都需要更大的土地來耕作、來賺錢啊！

所以，他又拚命地再往前跑！真的累了，農夫上氣不接下氣，實在跑不動了！

可是，農夫又想到將來年紀大，可能乏人照顧，需要錢，就再打起精神，不顧氣喘不已的身子，再奮力向前跑！

最後，他體力不支，「咚」地倒躺在地上，死了！

在我們的生活中，到處充滿著機會，可以說是能讓人豐衣足食。生活中有這麼多令人幸福的東西，可是我們卻變得愈來愈不幸福。

究其原因，就是沒有一顆知足的心。有了貪念，就永遠不能滿足；不滿足，就會感到欠缺。

因此，一顆知足的心，是真正的喜悅、真正的寧靜、真正的幸福。

其實，我們賺錢，就是為了讓自己的生活過得好一些。如果只是埋頭苦幹，沒有享受的樂趣，那生活還有什麼意義？生活品質的高低，並不完全體現在你擁有金錢的多少和物質利益的多寡上，還有你臉上的微笑，心中的情感。

一個人的本能追求，雖是金錢與富貴，但知足常樂卻是一種最難得的心態。

我們不主張安貧樂道，但也不主張一味地追求金錢富貴。對於現今社會來說，更有現實意義的似乎是「富而無驕」，「富而好禮」。

「富而無驕」，不處處擺出一副「我最大」的派頭固然是不錯，但如果能夠更進一步

「富而好禮」，追求精神方面的涵養，追求學問，講究做人的道理，尊重別人，處處以仁愛之心待人，那豈不是達到更加高尚的境界了嗎？

老實問自己

如果你是前述故事中那個農夫，你敢拍著胸脯說，當你聽到「只要跑過地方的土地，都全部歸自己。」的話語之後，絕對不會像這個農夫一樣，那麼貪心地拚著老命，奮力不停地往前跑…一直跑到體力透支，最後倒地，送掉自己的寶貴性命嗎？

捨不得の活法

生活品質的高低，並不完全體現在你擁有金錢的多少和物質利益的多寡上，還有你臉上的微笑，心中的情感。一個人的本能追求，雖是金錢與富貴，但知足常樂卻是難得的心態。

「捨去」無謂的埋怨，想想自己所擁有的其他東西

每個人都有一顆心；這是世上唯一公平的一件事。一個人知道滿足，心裡面就時常會是快樂的，達觀的，有利於身心健康。相反，貪得無厭，不知滿足，就會時時感到焦慮不安。

人生有著太多太多，讓人無可奈何的不公平。

有起點的不公平：有的人是含著「金湯匙」出生，有的人則生來就是殘疾；有的生在窮鄉僻壤，而有的人則生在「天龍國」。

有結局的不公平：同樣的辛勤付出，有的人搶得先機，而有的人只能向隅而泣；同樣的冒險一搏，鶴起兔落之間，有的人倒楣，有的人走運。

那麼多的不公平，讓人光想到就氣得牙癢癢，但花費一生的時間，去計較這些，真的

值得嗎？

何不「捨去」這些無謂的埋怨，看看不公平之外，我們所擁有的其他東西。古人說過：「布衣桑飯，可樂終身」，就是一種知足常樂的典範。

更多時候，知足常樂是融合在平平淡淡之中。

知足常樂，在孩提時期，我們會為擁有自己夢想得到的東西，而喜上眉梢，笑顏逐開，烙下一串串深刻的記憶，今日重溫，也許會忍俊不禁，無論行至何方，所處何位，知足常樂，永遠都是情真意切的延續。

一個人知道滿足，心裡面就時常會是快樂的，達觀的，有利於身心健康。相反，貪得無厭，不知滿足，就會時時感到焦慮不安。

如果用叔本華的觀點來說，就會使人生在欲望與失望之間痛苦不堪。

面對現實，我們看到不少鋌而走險，而落得身敗名裂的人，正是因為欲壑難填，貪得無厭，因而才會走上犯罪這條不歸路的。

看到這些人的犯罪事實，很多人都會由衷感嘆說：

「要是他早一點收手，大概也不會走到這一步吧！」

不知大家注意到沒有，這些感嘆所流露的，正是「知足」的思想！

問題是，一旦受貪欲支配，又哪裡會知足，哪裡會收得住手呢？

所以，「知足」不是沒有追求，而是選擇「捨去」追求物質的慾望；「知足常樂」更不是平庸的表現，而是擁有高超自制力的人，才能夠做得到。

老實問自己

有的人是含著「金湯匙」出生，有的人則生來就是殘疾……這是起點的不公平；同樣的辛勤付出，有的人搶得先機，而有的人只能向隅而泣……這是結局的不公平；你真的有那個心胸和修養，對這些起點和結局的不公平，沒有絲毫抱怨和半點的埋怨嗎？

捨不得の活法

那麼多的不公平，讓人光想到就氣得牙癢癢，但花費一生的時間，去計較這些，真的值得嗎？何不「捨去」這些無謂的埋怨，看看不公平之外，我們所擁有的其他東西。

有恩就報恩，有仇就棄仇

有句話說：「人對我有恩不可忘，我對人有恩不可不忘。」這句話的意思，簡單的說，就是忘記別人對不起你的，記住你對不起別人的。

小說《笑傲江湖》裡有一句話：「思身外無窮事，且盡生前有限杯。」雖是虛構，卻不失為一種人生感悟，點出「人生一世，草木一秋」的真諦。

人人都能感受到生命的短暫，「捨棄」困擾自身的那些庸庸碌碌，世間便能少一點橫眉冷對，多一點笑臉相迎。

既然人生短暫，我們還有什麼好在意的？

我們儘管並不是為了回報才佈施，做了事情也不執著於成果，就像「捨棄」一樣，也不是在「捨棄」之後，才懂得它的珍貴。

然而，以上這些「不是為了什麼，才做什麼」的心態，才是在人生過程中，必須具備的真正智慧。

因為，只要我們擁有了這種智慧，就能度過煩惱的激流，到達無憂無慮、自在安樂的彼岸。

可是，雖然人生短暫，什麼都不需要在意，可還是有些什麼事情，是必須讓我們刻骨銘心，永世不忘的，譬如是別人對自己的恩德！

有句話說：「人對我有恩不可忘，我對人有恩不可不忘。」這句話的意思是，千萬不能忘記對自己有恩惠的人，以及淡忘自己對別人的恩德。再說的簡單一點，就是忘記別人對不起你的，記住你對不起別人的。

那麼我們為何要牢記別人對自己的恩德？因為要隨緣報恩。像貓、狗之類的動物，尚且知道報恩，何況是身為萬物之靈的我們呢？所以，佛家才會提倡，上報四重恩：祖國恩、父母恩、師長恩、眾生恩。

那為何又要淡忘自己對別人的恩德？因為念念不忘所施之恩，就意味著時刻期待別人的回報，這種心態跟放高利貸的人，時時想著別人還沒償還向自己借貸的本金和利息，又有什麼兩樣呢？

而且，時刻期待別人的回報，如果對方一旦賴皮不報答，或是報答得不夠，你的怨恨必定從心生起，因而大罵對方是「白眼兒狼」、是沒良心的傢伙。

於是，煩惱叢生、反目為仇，善緣竟成惡緣…算一算，可真是划不來！

如果不想讓自己的煩惱叢生，讓善緣竟成惡緣，其實就完全在我們當下的一個轉念之間。

我們不妨想想，以下那一句是自己平常會掛在嘴上說的？

「所有的人對我都不懷好意。」

「所有的人對我都有很大幫助。」

然而，即便我們經常將「所有的人對我都不懷好意」當成自己的口頭禪，但是只要能在轉念之間，將「所有的人對我都不懷好意」的負面想法轉化為「所有的人對我都有很大幫助」的正面心態，那麼我們的心境便能豁然開朗，我們的情緒就不會再被往昔的恩怨所糾纏。

老實問自己

我們真的能夠做到「忘記別人對不起你的，記住你對不起別人的」以及將「所有的人對我都不懷好意」的負面想法轉化為「所有的人對我都有很大幫助」的正面心態嗎？

捨不得の活法

我們儘管並不是為了回報才佈施，做了事情也不執著於成果，就像「捨棄」一樣，也不是在「捨棄」之後，才懂得它的珍貴。然而，以上這些「不是為了什麼，才做什麼」的心態，才是在人生過程中，必須具備的真正智慧。

將掌握權力的手張開，才能去做更多事情

物極必反，盛極必衰。權勢到手，確實令人振奮，也實在可以令人風光一回，似乎更可以光宗耀祖。但是稍一不慎就會大難臨頭，反而給自己和家人帶來了極大的災禍。

西漢霍去病的弟弟霍光是位大司馬大將軍，受漢武帝的遺託輔佐太子。遺詔上寫：「只有霍光忠實厚道，可以擔當重任。」

霍光輔佐漢昭帝當政十四年。昭帝死，他迎接昌邑王劉賀入宮，繼任當皇帝。劉賀淫逸玩樂，霍光便廢掉他，又迎立漢武帝的曾孫病已，立為孝宣帝。

從此，政權都歸霍光掌控，一直到霍光死了，孝宣帝才開始親理朝政。

沒想到，霍光的夫人和他的兒子霍雲、霍山、霍禹等居然謀劃廢掉太子，皇帝發現之後大怒，霍雲、霍山自殺，霍禹被腰斬，霍光夫人和她的幾個女兒、兄弟都被殺頭示眾，

甚至株連九族，死了幾千人。

司馬遷說：「霍光輔佐漢朝皇帝，可以說是很忠誠的，但是卻不能保護他的家族，這是為什麼？這是因為權威、福份是君主的東西，臣子掌握它，長期不退，很少有不遭到災禍。」司馬遷對此評論又說：「小人的智謀足夠完成他的奸計，其勇氣足夠完成他的暴行，這就是老虎又長上了翅膀。」

而蕭望之和王仲翁被推薦為官的時候，正是霍光把持朝政的時候。所有人都攀附他，只有蕭望之不攀附霍光，於是不被重用，只做了郎署小苑東門侯，這是一個管門的小官；王仲翁則當了光祿大夫、給事，十分得到霍光的愛寵。

有次，他對蕭望之說：

「你為什麼不肯附從眾人，而寧願守門呢？」

蕭望之回答說：

「人都各自堅持自己的志向。」

不依附於權貴是「捨去」權勢的表現。

人應該堅守住自己的志向，不為一時的個人權慾所左右，才能真正地忍受權勢的引誘，也因如此，蕭望之避開了災難。

權勢到手，確實令人振奮，也實在可以令人風光一回，似乎更可以光宗耀祖。但是稍一不慎就會大難臨頭，反而給自己和家人帶來了極大的災禍。

對於權勢不可過於貪心，應該「捨去」這種佔有權利的慾望，不讓它盲目膨脹，不去落入爭權奪利的陷阱，這才是為長遠利益著想。

老實問自己

前述故事中的蕭望之不攀附霍光，於是不被重用，只做了一個管門的小官；王仲翁則因對霍光言聽計從，當了光祿大夫、給事……如果在霍光把持朝政的時候，你會選擇做「蕭望之」？還是當「王仲翁」？

捨不得の活法

不依附於權貴是「捨去」權勢的表現。

人應該堅守住自己的志向，不為一時的個人權慾所左右，才能真正忍受權勢的引誘：

第五輯：捨得是另外一種獲得

一個人快樂，並不是他擁有的多，而是他計較的少。多是負擔，是另一種失去。少非不足，是另一種有餘。捨棄也不一定是失，而是另一種更寬廣的擁有。

我們不是為了生氣才過日子

會掛在心上的，只有心結而已。
緊抓著不快樂的情緒不放，並沒有辦法懲罰別人，只會深深的傷害自己。

有個禪師非常喜愛蘭花，大家都說，蘭花好像就是禪師的生命。一天，禪師外出講經，囑咐弟子給蘭花澆水，好好侍奉蘭花。但弟子一不小心，就把花架絆倒了，整架的盆蘭都打翻在地。闖禍的弟子十分害怕。

「要是師父回來，看到心愛的盆蘭這番景象，不知要憤怒到什麼程度？」

沒想到，禪師回來後聽說這件事，一點也不生氣，反而心平氣和地安慰弟子說：

「我之所以喜愛蘭花，為的是要用香花供佛，並且也為了美化寺院環境，並不是想生氣才種的啊！凡是世間的一切都是無常的，不要執著於心愛的事物而難以割捨，那不是禪者的行徑！」

弟子聽後，忐忑的心終於放下了。從此，他更精進於修持了。

禪師說得多好：「不是為了生氣而種蘭花。」

禪師之所以看得開，則是因為他雖然喜歡蘭花，但心中卻沒有蘭花這個罣礙。因此，蘭花的得失，並不影響他心中的喜怒。

「我不是為了生氣而種蘭花的」，這看似平淡的一句話，卻透著精深的佛門玄機，蘊含著人生的大智慧。

同樣的，我們也不是「為了生氣才過日子」，日子一天一天過，比起氣呼呼地過，快快樂樂的過，豈不是更好？其實，快樂更多的時候，是一種心情，「得意淡然，失意泰然」則是快樂的一種最高境界，是生活的一份超拔。

然而，生活中有些人之所以常常感受不到快樂，就是因為我們的心被物質綁住了，對追求外在事物，患得患失。

同樣地，在日常生活中，我們牽掛得太多，我們太在意得失，所以我們的情緒起伏，我們不快樂。

在生氣之際，我們如能多想想：「同事亂說話算什麼？我不是為了生氣而工作的；學生調皮算什麼？我不是為了生氣而教書的；朋友任性算什麼？我不是為了生氣而交朋友的；另一半固執算什麼？我不是為了生氣而做夫妻的……」

放棄那些讓人增生煩惱的罣礙，才能獲得真實的平靜。

老實問自己

如果你是故事中的那個禪師，當你的徒弟將你愛不釋手的蘭花或花瓶砸壞，你真的能夠絲毫都不生氣，而且，還心平氣和地安慰弟子說：「我並不是想生氣，才種蘭花的嗎！」

捨不得の活法

生活中有些人之所以常常感受不到快樂，就是因為我們的心被物質綁住了，對追求外在事物，患得患失。

捨得是另外一種獲得

一個人快樂，並不是他擁有的多，而是他計較的少。多是負擔，是另一種失去。少非不足，是另一種有餘。捨棄也不一定是失，而是另一種更寬廣的擁有。

人生有得就有失，得就是失，失就是得，所以人生最高的境界應該是無得無失。這說起來簡單，但做起來卻一點也不簡單，因為，人們都是患得患失，未得患得，既得患失。然而，明智的做法，就是要學會捨得。

「捨得」二字，其實有著豐富的內涵，捨得是一種境界，大棄大得，小棄小得，不棄不得。在現代人眼裡，「捨」就是付出、是貢獻、是投入，「得」是成果、是認同。然而，佛學認為，捨就是得，得就是捨，如同色即是空、空即是色一樣；道家認為，捨就是無為，得就是有為，所謂「無為而無不為」；儒家則認為，捨惡以得仁，捨慾而得聖。

所以，「捨得」，不但是一種哲學思想的體現，也是人生必然面對的一項選擇。因此，當在面臨「捨與得」的時候，必須瞭解「捨得」的內涵，認真拿捏把握「捨得」的分寸，進而在「捨得」之間，感悟智慧人生。

有人說：「一個人的快樂，並不是他擁有的多，而是他計較的少。多是負擔，是另一種失去。少非不足，是另一種有餘。捨棄也不一定是失，而是另一種更寬闊的擁有。」可見，得而有所捨，是每個人必修的一門人生學分。

從古至今，有無以數計的著名人物，獲得了流芳千古的豐功偉業。

例如，李時珍一生行醫濟世，救死扶傷，歷經二十七年艱辛，終於成就醫學鉅著《本草綱目》，可說是，捨安逸，得安康。

又譬如，陶淵明不滿仕途，隱身山林，盡享「採菊東籬下，悠然見南山」之樂，可說是，捨名利，得自在。

另外，司馬遷博覽群書，負重殘奇辱，成就「史家絕唱」，雖然，捨痛恥，卻得絕唱；而勾踐臥薪嚐膽，捨榮辱，得江山；諸葛亮死而後已，捨私利，得英名，都是歷史上懂得「捨得」的代表人物。

然而，縱觀上述這些人物的成功，無不得益於對「捨得」二字的把握和領悟。而且，也都在「捨得」之間，悟透「捨得」其實是另外一種獲得。

老實問自己

如果你穿越時空回到漢武帝的年代，發現自己的前世原來是司馬遷，你還會為了發憤撰寫一部反應真實的史記，不惜得罪漢武帝，讓自己因此受到閹刑嗎？

捨不得の活法

人生最高的境界應該是無得無失。但人們都是患得患失，未得患得，既得患失。

張開拳頭才能擁有更多

想要的東西太多、能獲得的太少；煩惱就產生在這想要而不可得之間。煩惱總是自找的；試著「放棄」心中的煩惱吧。

在生活中，要學會「得到」只需要聰明的頭腦，但要學會「捨去」卻需要勇氣與智慧。

普通的人只知道不斷佔有，卻很少有人學會如何放棄。於是佔有金錢的為錢所累，得到感情的為情所苦。如果學會了「捨得」的智慧，那麼不僅對周圍的人有利，更是從根本上解脫了我們的思緒。

當佛陀在世的時候，有位婆羅門的貴族來看望他。婆羅門雙手各拿一個花瓶，準備獻給佛陀作禮物。

佛陀對婆羅門說：「放下。」

婆羅門就放下左手的花瓶。

佛陀又說：「放下。」

於是，婆羅門又放下右手的花瓶。

然而，佛陀仍舊對他說：「放下。」

婆羅門茫然不解：「尊敬的佛陀，我已經兩手空空，你還要我放下什麼？」

佛陀說：「你雖然放下了花瓶，但是你內心並沒有徹底的放下執著。只有當你放下對自我感觀思慮的執著、放下對外在享受的執著，你才能夠從生死的輪迴之中解脫出來。」

在我們尋常人眼中，世間的佛法往往是被認為是高深的、難解的，但在這小小的故事裡，就道盡佛法的奧義。放下、捨去，才能獲得解脫。

明明是這麼簡單的道理，我們卻總是以固有的觀念去看待世間的萬物，因而在產生畸形的人生觀，當作衡量世間一切事物的尺度，使我們被多餘的是非、煩惱給困擾住了。

因此，人生無端起了許多的痛苦，而我們自身又無法擺脫這種痛苦的纏繞。

顯然想擺脫世間各種煩惱的纏縛，單純只靠世間的常理來做決定，是不可能實現的。我們還需要一種勇氣、一種敢於「捨去」的勇氣。

往常我們對某些事「求不得」時，就會想盡一切辦法去努力、去爭取，不顧一切的想獲得，此時此刻，要是我們心中能夠產生一種「捨去」的勇氣，這個煩惱也就有了期限；也就「得到」更為珍貴、更稀少的，內心的祥和。

老實問自己

如果財神爺報了一個明牌給你，讓你只花了100元，就中了威力彩頭獎十億元獎金，但代價是你必須捐出九億九千九百九十九萬九千九百元給需要幫助的人，那麼你還會願意花100元，去買那張會中頭獎的威力彩嗎？

捨不得の活法

想擺脫世間各種煩惱的纏縛，單純只靠世間的常理來做決定，是不可能實現的。我們還需要一種勇氣、一種敢於「捨去」的勇氣。

該放手的還是要放手

人的一生寶貴且短暫，即便是百歲的人生，也只不過在揮手之間。

人生有三苦。

一苦是：你得不到，所以你痛苦。

二苦是：你付出了許多代價，得到了，卻不過如此，所以你覺得痛苦。

三苦是：你輕易放棄，後來卻發現，原來它在你生命中是那麼的重要，所以你覺得痛苦。

人生有三樂。

一樂是：你得到了，所以你快樂。

二樂是：你付出了許多代價，最終得到了，但它是值得的，所以你快樂。

三樂是：你很快地放棄沒有必要的負擔，所以你快樂。

人生的三苦三樂，是我們常有的體驗。許多人曾經為了得到而快樂，也曾經為了失去而難過。不少人曾付出許多的時間和精力追求功名利祿，最終雖然得到了想要得到的，但後來發現也不過是如此。

有人為了理想而付出了許多心力，但是至終無怨無悔，因為它是值得的。另一些人，不重視曾擁有的親情、友情、時間、機會、健康，等到無法挽救時，才發現原來它在自己的生命中是如此的重要，而有些人能很快地放棄沒有必要的貪心、比較、嫉妒、仇恨，因而活得比別人自由自在。

珍惜值得珍惜的，捨棄應該捨棄的，值得珍惜的與應該捨棄的，因人而異，各人有各人的標準與需求。

有時候，很多用不到的東西，明知應該捨棄的，卻還依然的放在包袱裡。因此，讓自己的「心靈包袱」裡放了太多用不到的舊東西，因而擠壓到擺放新東西的空間。於是，隨著新的變成舊的，舊的又捨不得放棄的情況下，自己的「心靈包袱」的重量就一天比一天沉重。

一直要等到某一天，發現自己的肩膀上扛著一棟101大樓，才會恍然發現自己的「心靈包袱」應該要「汰舊換新」，畢竟捨棄就如人的新陳代謝中的細胞，該死去的還是要死去，該放手的還是要放手。

珍惜與放棄是一種境界，更是一種超越自己的智慧。人的一生寶貴且短暫，即便是百歲的人生，也只不過在揮手之間。因此，得到時，要及時珍惜，捨棄時，要堅定果斷。

有時捨棄，是為了更好的珍惜，有時珍惜，是為了不至於捨棄。讓我們學會珍惜，懂得捨棄，把握住正確的方向，人生的旅途，才能閃耀出璀璨的光輝。

老實問自己

如果有一個年薪千萬的工作向你招手，但這個工作卻必須跟你的家人分隔兩地，而且，三年才能見一次面，你會接受這個工作？還是捨棄這個工作？

捨不得の活法

許多人曾經為了得到的而快樂，也曾經為了失去的而難過。不少人曾經付出許多的時間和精力追求功名利祿，最終雖然得到了想要得到的，但後來發現也不過是如此。

捨得才能夠滿足

擁有許多財富的人並不一定滿足，「滿足」存在心靈富有的人身上。煩亂的心靈只會產生煩亂的生活。想讓生活單純，就從清理心靈做起。

如果執著於外在可以看見、可以觸及的事物，當作滿足自己的手段，到處購滿名牌包包、精品手錶，用揮灑金錢來滿足心靈的空虛，沒有實質的財物和金錢就覺得患得患失；像這樣的人永遠不可能認識真正的自己。

佛語中講的「放下屠刀，立地成佛」中的「放」意為「放棄」而「屠刀」則泛指惡念。不論是「放棄」與「放下」，都是告訴我們面對某些該放下的事情要敢於捨去、勇於放棄。

以前有個國王，他放棄了王位出家修道。國王在山中蓋了一座茅草棚，天天在裡面打坐冥想。突然有一天，他哈哈大笑起來，感慨的說：

「如今我真是快樂呀！」

旁邊的修道人不解的問他：

「你快樂嗎？如今孤單地坐在山中修道，有什麼快樂可言呢？」

國王說：

「從前我做國王的時候，整天處在憂患之中。擔心鄰國奪取我的王位，恐怕有人劫取我的財寶，擔心群臣覬覦我的財富，還擔心有人會謀反……現在我做了和尚，一無所有，也就沒有算計我的人了，所以我的快樂不可言喻呀！」

就像這個國王一樣，從古到今，芸芸眾生都是忙碌不已，為衣食、為名利、為自己、為子孫……哪裡有人肯靜下心來思考一下；忙來忙去到底得到了什麼？

多少人都是直到生命的終點才明白，自己的生命浪費太多在無用的方面，而如今卻已沒有時間和精力去體會生命的真諦了……

人生往往如此：擁有的愈多，煩惱也就愈多。

萬事萬物本來就隨著因緣而變化，凡人卻試圖牢牢把握讓它不變，導致問題隨著事物發生，又因為事物累積，如同沒有起源，也沒有結尾的連鎖反應，於是煩惱無窮無盡，無端的耗損精神。

倒不如儘量捨得外在的事物，煩惱自然會漸漸減少。話雖如此，又有誰能做得到呢？

許多人都有貪得無厭的毛病，正因為貪多，反而不容易得到。結果患得患失，徒增壓力、痛苦、沮喪、不安，一無所獲，真是愈想愈得不到。

老實問自己

如果你是故事中的國王，你真的肯拋棄後宮佳麗三千，真的願意捨棄茶來張手，飯來張口的榮華富貴生活，然後到山中蓋一座茅草棚，天天在裡面打坐發呆嗎？

捨不得の活法

多少人都是直到生命的終點才明白，自己的生命浪費太多在無用的方面，而如今卻已沒有時間和精力去體會生命的真諦了。

人生百歲，也不過就在一捨一得之間

人生在世，面對無限的誘惑與磨難，往往不得不在「捨得」面前徘徊徬徨。

捨得既是一種生活的哲學，更是一種做人與處世的人性藝術。

捨與得就如水與火、天與地、陰與陽一樣，是既對立又統一的矛盾體，相生相剋，相輔相成，存於天地，存於人生，存於心間，存於微妙的細節，概括了萬物運行的所有道理。

萬事萬物均在捨得之中，達到和諧，達到統一。要得便需捨，有捨才有得。

作為凡夫俗子的我們，有著太多的慾望，對金錢，對名利，對情感。這沒什麼不好，慾望本來就是人的本性，也是推動社會進步的一種重要力量。

但是，慾望又是一頭難以駕馭的猛獸，它常常使我們對人生的捨與得難以把握，不是不及，便是過之，於是便產生了太多的悲劇。

因此，我們只要真正把握了捨與得的尺度，便等於掌握了開啟成功大門的人生鑰匙。要知道，人生百歲，也不過就是一捨一得的重複。

人生在世，面對無限的誘惑與磨難，往往不得不在「捨得」面前徘徊徬徨。誘惑如同美景，如果貪多求全，終將一無所獲，不如抽身而出，捨棄想要卻不需要的東西，放眼天下，頓覺豁然開朗；灑脫闊步，放下原本不想放下的東西，如此便能讓自己感覺海闊天空。

如果捨不了原有的職位，也就不會得到新的工作機會；如果捨不了放棄目前所擁有的，也許這個擁有就是沉重的包袱。明辨「捨得」之變，就能領略「捨得」之奧，使得心境平和通達，把有限的生命融入無限的大智慧中，在有限的時間內做最有效的事情，便可以成就一番偉業！

捨得，是一種精神；捨得，是一種領悟；捨得，是一種成熟；捨得，更是一種生活中必然的選擇，也是隨心而生的生活智慧。

老實問自己

如果你目前年薪百萬，但現在有一個讓你圓夢創業的機會，你會毅然決然捨棄這個日前別人羨慕的年薪百萬的工作嗎？

捨不得の活法

只要真正把握了捨與得的尺度，便等於掌握了開啟成功大門的人生鑰匙。要知道，人生，也不過就是一捨一得的重複。

每個人都為實現自己的「妄想」而奮鬥

追逐虛妄的夢想，只會在人生的旅途上疲於奔命，過於複雜的手段，反而會讓人忽略最初的真心。

《心經》有句話說——遠離顛倒夢想，究竟涅槃。「顛倒夢想」，指的是錯誤的想法、與事實不符合的想法，也就是我們現在所說的「妄想」。

在這世界上，每個人都在為實現自己的妄想而奮鬥。妄想小，奮鬥也小；妄想大，奮鬥也大。妄想使得人生猶如一場聽不見鐘響的擂台賽，拚到最後一刻也無法喘息。因此，我們必須遠離那些不切實際的想法。

至於如何遠離？可不是一件容易的事。愈是克制，似乎它愈洶湧，心更難平靜下來，因而為此苦惱不已。

有個故事是這樣的；有個漁夫忙碌了半天，划著他的小木船帶著不多的漁獲返航，當他在午後暖暖的陽光下曬著魚網，打著瞌睡時，一個大學生模樣的觀光客恰好走了過來。

「為什麼這時候就在睡覺？要是現在再出海抓魚，你一定能抓到更多的魚。」

「是沒錯。」漁夫慵懶地說，「可是我為什麼需要更多的魚？」

「你要是抓了更多的魚就能有更多的收入，到時候就能把這艘破爛的小船換成更大的船，有了大船你就能賺更多的錢，買更多的船，最後建立一個船隊，甚至擁有一家航運公司。」大學生興致勃勃的說。

「有了航運公司之後呢？」

「到時你就是知名的船王了！不只能擁有世界上最快最先進的漁船，還能賺大錢，登上富豪排行榜。到時你就不需要自己出海賺錢，有數以萬計的員工會幫你做事。」

「不出海，那我該做什麼？」漁夫有些疑惑。

「你可以買艘小船，偶而出海釣釣魚，然後住在一座優美的小島上，每天吹著海風曬著陽光，舒舒服服的睡午覺。」

聽見大學生興奮的說完，漁夫開懷的笑著說：

「何必這麼辛苦？我現在就過著這樣的生活啊。」

在《心經》裡有個對付妄想的絕招，那就是：從照見五蘊皆空認識到一切，都如夢幻泡影，不住我相、人相、眾生相、壽者相，不住色、聲、香、味、觸、法，無智無得，心無牽掛，妄想自然就不會有了。

老實問自己

如果你是故事中的那個漁夫，你真的會那麼灑脫的什麼都不做，就這樣每天在午後暖暖的陽光下，曬著魚網，然後悠悠哉哉地坐在甲板上打瞌睡找周公下棋嗎？

捨不得の活法

每個人都在為實現自己的妄想而奮鬥。妄想小，奮鬥也小；妄想大，奮鬥也大。妄想使得人生猶如一場聽不見鐘響的擂台賽，拚到最後一刻也無法喘息。因此，我們必須遠離那些不切實際的想法。

人生有時也要學會捨棄

捨棄一隻殘臂，可以保全整個生命；
捨棄暫時的安逸，可以獲得一生的幸福。

人生要學會珍惜。友誼、愛情、榮譽、人格、事業等等，一切真善美的東西都需要珍惜，甚至不幸的遭遇、平淡的生活、泛泛的交往等等都值得用心去珍惜。

人生有時也要學會捨棄。捨棄一隻殘臂，可以保全整個生命；捨棄暫時的安逸，可以獲得一生的幸福；捨棄一己之私，可以獲得天下的大公；捨棄蠅頭小利，可以贏得千秋大義。

一個真正有所為的人，在面對抉擇時，總是能夠做出正確的選擇。該捨棄的，毫不猶豫堅決捨棄，該珍惜的義無反顧地永遠珍惜。

身材瘦弱的屈原站在滔滔的汨羅江畔，毅然懷石投江，面對「舉世皆濁」的世道，他捨棄了榮華富貴，用行動來表現出自己對國家的赤誠之心；衣衫襤褸的張騫面對匈奴單于的勸降，毅然做出寧死不屈的選擇，他捨棄了用降敵換來安逸享樂的途徑，堅定地繼續地表現出身為一個大漢使臣，必須擁有的高度和氣魄。

然而，珍惜與捨棄，錯位者也大有人在：秦檜為榮華富貴捨棄了民族道義；瑪蒂爾德為虛榮付出了十年艱辛；現代的某些「人民公僕」，拋棄了當初對百姓的莊嚴承諾，心中只有金錢利益；還有一些人，捨棄了純潔的心靈、高尚的人格，而將物質享受視為至上，甘願當金錢的奴隸……

現實生活中的我們，也總是輕視乃至忽視自己擁有的。一位哲學家不小心掉進了水裡，被救上岸後，他說出的第一句話是：「呼吸空氣，是一件多麼幸福的事情。」空氣，我們看不到，日常生活中也很少意識到，但失去了它，才會發現，它對我們是多麼重要，然而，在我們的生活中，其實也有很多像「空氣」一樣的東西，等到失去後，這些「東西」才恍然發現，對我們真的很重要，譬如親情、譬如友情…。

老實問自己

如果你是一隻有著黃金尾巴的蜥蜴，當你面對攸關生死存亡的關鍵時刻，你會毅然決然地選擇「斷尾求生」嗎？

捨不得の活法

一個真正有所為的人，在面對抉擇時，總是能夠做出正確的選擇。該捨棄的毫不猶豫堅決捨棄，該珍惜的義無反顧永遠珍惜。

第六輯：我們為何不放自己一馬？

人只是因為從來沒有跌下來過，才會一個勁的往高處爬。現實社會中，許多人之所以不適應新的環境，之所以會痛苦煩惱，就是因為守著一個高標準不放。他們認為自己只能上升，不能下降。

能「捨得」一些小利益，才有空間去謀求更大利益

凡是無理來向你挑釁的人，其背後一定有原因。如果在小事上不忍耐，那麼災禍就會立刻到來了。

為人處世，如果過份苛求每一件小事，必然會影響到大事的進行；如果過分珍惜一點小的利益，同樣也會喪失較大的利益。要是能「捨得」一些小的利益，把被貪欲佔滿的心思空出來，我們的心才有空間去謀求，往後更大的利益。

在長州有三個典鋪。尤翁就是其中一家當鋪的掌櫃。某年年底的一天，尤翁突然聽見門外一片喧鬧聲，出門一看，是位鄰舍。

當班的夥計立刻上前對尤翁說：

「他在我們這把衣服給當了，今天卻空手來取，不給他就破口大罵，有這樣不講理的

嗎？」

儘管理虧，那人仍然氣勢洶洶，絕不肯認錯。

尤翁好聲好氣地對他說：

「我明白你的意圖，不過就是想好好的過個年。這種小事，實在不需要發脾氣。」

於是，尤翁命夥計找出典物，總共是四、五件衣物。

尤翁指著棉襖說：

「這件衣服抗寒不能少。」又指著馬褂說：「這件給你拜年用，其他東西現在不急用，可以留在這兒。」

那人拿走了二件衣服，欲言又止了一會兒就默默地離去。

誰知道，當天夜裡，他居然莫名其妙死在別家當鋪裡。他的家人之後和那家人打了一年多的官司。原來，這個男人負債太多，知道尤翁開當鋪是個富貴的生意人家，想藉著死來敲筆錢，結果一無所獲，便把目標轉到另外一家當鋪。

有人問尤翁，為什麼能預先知情而容忍他，尤翁回答：

「凡是無理來向你挑釁的人，其背後一定有原因。如果在小事上不忍耐，那麼災禍就會立刻到來了。」

在《佛經》裡，講到的「沉香燒炭」、「殺子成擔」，都是因小失大的故事，正是「偷雞不著蝕把米」、「賠了夫人又折兵」。

如果將眼光只局限在眼前的一點利益上，就會喪失更多利益。生活中要謹記的是「切莫貪小便宜吃大虧」。

老實問自己

如果你是前述故事中開當鋪的尤翁，你真的會捨得將兩件衣服，免費還給那個前來無理取鬧的無賴嗎？答案應該是否定的，因為，在現實生活中的我們，應該都不會具備像尤翁那種「如果將眼光局限在眼前的一點利益上，就會喪失更多利益」的智慧。

捨不得の活法

為人處世，如果過分珍惜一點小的利益，同樣也會喪失較大的利益。要是能「捨得」一些小的利益，把被貪欲佔滿的心思空出來，我們的心才有空間去謀求，往後更大的利益。

犧牲眼前利益，去換取更大的利益

當局勢發展到損失不可避免的時候，應捨得小的損失而保全大局，只看重自己而不能做出犧牲的人，終將失去周遭的認同，有一天也會失去親友的保護。

戰國後期，越國北部經常受到匈奴蟾襤國等少數民族小國的騷擾，邊境不寧。

趙王派大將李牧鎮守北部門戶雁門。李牧上任後，先是沒有大舉進攻匈奴而是日日殺牛宰羊，犒賞將士。匈奴摸不清底細，也不敢貿然進犯。

此時，李牧加緊訓練部隊，養精蓄銳，幾年後，兵強馬壯，士氣高昂。西元前二五〇年，李牧摩拳擦掌，準備出擊對付匈奴。

他先以保護邊塞牧民放牧為出，先派少數士兵與敵騎交手，李牧的士兵與敵騎交手，假裝敗退，丟下一些人和牲畜。

匈奴人撿了這些戰果，得勝而歸。匈奴單于心想，李牧從來不敢出城征戰，果然是一個不堪一擊的膽小之徒，於是親率大軍直逼雁門。

李牧料到敵騎已經上當，於是嚴陣以待，兵分三路，給匈奴單于準備了一個大口袋。匈奴軍輕敵冒進，被李牧分割幾處，逐個圍殲。

單于兵敗，落荒而逃，蟾襤國滅亡。

李牧用小小的損失，換得了全局的勝利，真可謂是「李代桃僵」。它的原文是「勢必有損，損陰以益陽。」這句話翻成現在的意思是當局勢發展到損失不可避免的時候，應捨得小的損失而保全大局。

「李代桃僵」常常是以很小的損失，去換取更大的利益。現在已被人靈活運用在商業上，反觀現在一些企業為了眼前利益，大量製造，傾銷劣等產品，把自己響亮的牌子砸了，這無異於殺雞取卵，只有蠢蛋才會這樣做。

兩軍對峙時，在政治舞台上，在商業競爭中，獲得全勝往往很難，所以，有時我們不得不付出一定的代價，或做出一定的犧牲。

通常我們要遵循：「兩利相權取其重，兩害相權取其輕」的原則，儘量要「犧牲局部」以保全大局，才能開創出更宏大的局面。

老實問自己

如果有人要叫你犧牲眼前的利益，去換取更大的利益，你會不假思索地將目前唾手可得的利益捨棄掉嗎？答案通常是否定的，因為，你往往會用將來是否能獲得那個更大利益，還是「個「未定數」的理由，來說服自己不要犧牲掉日前已經既得的利益。

捨不得の活法

在「兩利相權取其重，兩害相權取其輕」的原則下，儘量要「犧牲局部」以保全大局，所以，有時我們不得不付出一定的代價，或做出一定的犧牲。

你敢將好不容易攀住樹枝的手放下嗎？

緊盯著壞心情，它就存在，背對壞心情，它就會消失；只要這麼想，不論什麼情緒都能釋然。

想想我們心情不好的時候，總是關緊門不跟人說話，嘟著嘴生悶氣，鎖著眉頭胡思亂想，結果心情更壞、更難過，人在心情不好的時候，會不自覺地把壞心情抱得更緊。

所以，必須要學習放下心情，拒絕讓它折磨才行。

想要有個好心情，就要「捨棄」壞心情，從煩惱的死胡同中走出來。請注意，試著放下心情的包袱，好好檢視清楚，看看哪些是事實，把它留下來，設法解決。哪些是垃圾，是給自己製造困擾的想法，要狠下心來，把它拋開，這就能應付自如，帶來好心情和清醒的頭腦。

任何人都應該學會放下，而且在放下的同時，學會割捨。

在《星雲禪話》中有一則故事，講得很生動、很具啟發性。

這故事大略內容是：有一位旅行者，經過險峻的懸崖，一不小心掉落山谷，情急之下攀抓住崖壁下的樹枝，上下不得，祈求佛陀慈悲營救，而佛陀真的出現了，伸出手過來接他，並說：「好！現在你把攀住樹枝的手放下。」

但是旅行者執迷不鬆手，他說：

「把手一放，勢必掉到萬丈深淵，粉身碎骨。」

旅行者這時反而更抓緊樹枝，不肯放下。

這樣一位執迷不悟的人，就算佛陀伸出手，也救不了他。

壞心情就是緊抓住某個念頭，死死握緊，不肯鬆手去尋找新的機會，所以陷入愁雲慘霧中。

其實，人只要肯換個想法，調整一下態度，或者更動一下作息，就能讓自己有一個全新的心境。只要我們肯稍作改變，就能抛開壞心情，讓好心情進駐自己的心頭。

美國加州大學心理學家艾克曼曾做過這樣的實驗，要受試者裝出驚訝、厭惡、憂傷、憤怒、恐懼和快樂等表情，卻發現他們的身心跟著起了變化。

當受試著裝出害怕時，他們的心跳加速，皮膚溫度降低等等，表現其他五種情緒時，也有不同的變化。

這個實驗結果告訴我們，有時候，「弄假」久了，也會「成真」，自己怎麼假裝，心情就怎麼改變。換句話說，我們即使是強裝作快樂的樣子，久而久之，憂傷也會離我們而去。

老實問自己

如果你是前述《星雲禪話》故事中的那個旅行者，當你不小心掉落山谷，幸運地攀抓住崖壁下的樹枝，上下不得的時候…你是否會聽「佛陀」的建議，將好不容易攀住樹枝的手放下？

捨不得の活法

人只要肯換個想法，調整一下態度，或者更動一下作息，就能讓自己有一個全新的心境。只要我們肯稍作改變，就能拋開壞心情，讓好心情進駐自己的心頭。

假裝好心情，壞心情自然消失

人要懂得改變情緒，才能改變思想和行為。思想改變，情緒也會跟著改變。

有個女人習慣每天愁眉苦臉，一件小小的事情，似乎就會引起她的煩躁不安、心情緊張。孩子的成績不好，會令她一整天憂心，先生幾句無心的話，也會讓她黯然神傷。她自己也知道，幾乎每一件事情，都會在她心中盤踞很久，造成壞心情，影響生活和工作。

有一次，她有個重要的會議，但是沮喪的心情卻揮之不去，看看鏡子裡自己的臉龐，竟然無精打采。

無助的她打了電話問朋友說：

「怎麼辦？我的心情沮喪，我的模樣憔悴，沒有精神，怎麼參加重要的會議？」

朋友出主意給他：

「把令妳沮喪的事情放下，洗把臉將無精打采的愁容洗掉，修飾一下儀容以增強自信，想著自己就是得意快樂的人。注意！裝成高興充滿自信的樣子，妳的心情會好起來。很快地妳就會談笑風生，笑容可掬。」

她照著去做，當天晚上在電話中告訴朋友說：「我成功地參加這次會議，爭取到新的計劃和工作。我沒想到強裝信心，信心真的會來；裝著好心情，壞心情自然消失。」

人要懂得改變情緒，才能改變思想和行為。思想改變，情緒也會跟著改變。

這裡有幾則「砍」掉壞情緒的小竅門，不妨可以照做一下：

多讀幾本勵志的書，它能在無形中，給我們許多改變情緒的效果。

注意我們的儀容：挺直身子，抬起頭來，且衣著要端莊。切記萎靡不振的表情，是招惹霉運的根本原因。

學習在危機中保持冷靜，在緊張時給自己鬆弛的機會，如運動、靜坐、旅行等。

經常培養好心情，認清壞心情的背後，一定有不少垃圾思想和消極情緒，記得，要時時刻刻定期把這些「垃圾情緒」掃地出門。

老實問自己

「假裝好心情，壞心情自然消失。」這個道理，或許，我懂、你懂、大家都懂，但是當壞心情找上門的時候，我們真的能夠若無其事地在臉上強裝著笑容來面對那件讓自己心情變壞的事情嗎？

捨不得の活法

經常培養好心情，認清壞心情的背後，一定有不少垃圾思想和消極情緒，記得，要時時刻刻定期把這些「垃圾情緒」掃地出門。

順境和逆境都是人生的財富

缺乏不是空虛，缺乏是一種發現。人的一生都會有好與壞的境遇，最重要的是處在逆境時如何去排解它。

《論語》中有「孔子絕禮於陳」的故事：孔子帶著弟子們周遊列國時，在陳這個國家捲入政治糾紛中，連吃的東西都沒有，連續幾天動彈不得。

最後，弟子子路忍不住痛苦的大叫：

「君子也會遇到這種悲慘的境遇嗎？」

孔子對於子路的不滿視而不見，只是淡淡地回答：

「人的一生都會有好與壞的境遇，最重要的是處在逆境時如何去排解它。」

任何人的一生，總會有不順遂的時期，無論從事什麼工作，都會有和預期相反的結果。長此以往，任何人都不免產生悲觀情緒。

然而，人生並不是僅有這種不順遂的時候。當雲散日出時，前程自然光明無量。所以，凡事必須耐心地等待時機的來臨，不必驚慌失措。

相反的，在境遇順遂的時候，無論做什麼事都會成功；可是總有一天，不順遂的時刻會悄然來臨，因此，即使在春風得意之時，也不要得意忘形，應該謹慎小心的活著。

因為保持著這樣的謹慎，所以士人不在乎「捨去」金錢；因為他明白貧窮更能砥礪自己不要喪失道義，得志時不要忘卻原則。

就因為不害怕失去財富，所以士人無論什麼處境，都自得其樂，這般無所畏懼的人，更能回應人民的期望。

試想，古代賢德的人在得志時，把恩惠施加給人民；不得志時，就修養品德給世人作表率。所以，想匡正天下，並不一定要入將拜相，在磨難之中培養出端正的品性，才是福澤世人的根本。

在不得志的時候，也不忘記義理，在得志的時候，更不違背正道。認為君子是不受外界動搖的，只要不做欠缺仁德、違反禮義的事，則縱使有什麼突然降臨的禍患，也能夠坦然以對，不以為禍患。

學會應難而上，才能踏平坎坷走上大道。順境和逆境都是人生的財富，只有懂得珍惜和品嘗的人，才會讀懂「平常」二字的「不平常」真諦。

老實問自己

如果你遭遇到前述故事中，孔子和他的弟子們，連續幾天沒有飯吃的困境，你能否像孔子一樣，還能淡淡地跟弟子說：「人的一生都會有好與壞的境遇，最重要的是處在逆境時如何去排解它。」這種對已經餓扁的肚皮，一點幫助都沒有用的話嗎？

捨不得の活法

在境遇順遂的時候，無論做什麼事都會成功；可是總有一天，不順遂的時刻會悄然來臨，因此，即使在春風得意之時，也不要得意忘形，應該謹慎小心的活著。

捨棄永無止盡的慾望與貪婪，才會輕鬆快樂起來

守住平常心，應該承認有些東西得不到，來學會如何「捨去」自己想要卻不需要的東西，也就是說只要懂得「捨棄」永無止盡的慾望與貪婪，才會輕鬆快樂起來。

有天，孔子率學生們出遊，來到一個瀑布前觀賞瀑布的景色，見那水流從二、三十丈的高處飛瀉而下，撞入河中，激起滾滾波濤，直沖出數十里之外，十分壯觀。那個地方，魚蝦龜鱉都無法靠近。

忽然，只見一個男子跳進急流之中，孔子以為那人自尋短見，便急忙讓學生順著河流去搭救他。不料，這人遊出數百步之外，便從水中走出，在河邊悠然自得地唱起歌來。

孔子趕上去問他：

「您能在這種地方游泳，有什麼秘訣嗎？」

那男子回答道：

「我沒有什麼秘訣。我憑著人類的本能開始我的生活，依靠人類的適應性而成長，順其自然成功。游泳的時候，我同漩流一起潛入水底，隨同湧流而浮出水面，完全順從水性，而不憑主觀意志從事。這便是我能駕馭洶湧急流的原因。」

孔子又問：

「什麼叫做憑本能開始生活，靠適應性而成長，順其自然而成功呢？」

那男子回答：

「我生在陸地而安於陸地，這就是本能；長於水上而安於水，這就是適應性；不知道我為什麼會這樣，而結果這樣，這就是順其自然。」

孔子點頭頓悟。

這個男子能制服洶湧奔騰的急流，遨遊其中，得心應手，就因為他「捨去」被社會教導出的主觀意志，選擇根據自然法規去行動、去尊重，按照天生的邏輯去辦事。

人之處事亦應順其自然，也就能適應世事、適應萬物，不喜也不悲。

「不以物喜，不以己悲」就是要我們守住一顆平常心。

守住平常心，應該承認有些東西得不到，來學會如何「捨去」自己想要卻不需要的東西，也就是說只要懂得「捨棄」永無止盡的慾望與貪婪，才會輕鬆快樂起來。

「捨去」追求那些不凡的妄想吧！然後靜下心來做些平平凡凡的事情，腳踏實地認認真真地生活。

其實，平凡的表面，往往蘊藏著深層次的規律和道理，會愈做愈高興，愈做愈快樂。

老實問自己

我們都知道凡事要保持「平常心」，「捨棄」永無止盡的慾望與貪婪，才會輕鬆快樂起來，但問題是面對社會這麼多形形色色的誘惑，我們真的能「捨去」追求那些不凡的妄想嗎？

捨不得の活法

「捨去」那追求不凡的妄想吧！然後，靜下心來做些平平凡凡的事情，腳踏實地認認真真地生活。

我們為何不放自己一馬？

人只是因為從來沒有跌下來過，才會一個勁的往高處爬。現實社會中，許多人之所以不適應新的環境，之所以會痛苦煩惱，就是因為守著一個高標準不放。他們認為自己只能上升，不能下降。

人往高處走，水往低處流，人生總是向上的，這是人們的認識，也是人生的理念，更是眾生的普遍心理。

然而，事實上，就是這個「人往高處走」的理念，毀了許多人，欺瞞了許多人。

客觀來講，人生一世，是不可能總往高處走的，沉浮起落，坎坷挫折，在人生的旅途上，有很多「下坡路」，是我們不能不走的，

這正如《賢愚經》中所說的「常者總要消滅，高者必然墮落。合會終有離別，有生一

定有死。」

有錢人變為沒錢人，經理降為課長，老闆變成員工，大官變成百姓，昨天的名人淪為今天的無名鼠輩……

諸事不如以前的現象，每個人或多或少都會經歷過。

由此看來，人生不可能總固守在高的標準上。高標準本身就是一種完美主義的化身，其中包含著對周圍事物和對自己的苛求，結果是自己累垮了，周圍人也受不了。

更何況，人生總有不順的時候，跟隨而來的便是內在和外界的標準一同降低。

如果這時還有人期待能得到高標準的生活，還是一味地往高處走，就會遭遇打擊，飽嘗痛苦，陷入煩惱的境地。

於是，這時「放棄」盲目的進取、降低標準，便成為唯一而正確的人生選擇。尤其在當今這個充滿競爭的社會，「高標準」往往是靠不住的，很容易被動搖。

學會降低標準，成了人們解決人生難題的一把鑰匙。

一味地追求高標準，不但會傷害自己，同時也會傷害別人。現實社會中，許多人之所以不適應新的環境，之所以會痛苦煩惱，就是因為守著一個高標準不放。他們認為自己只能上升，不能下降。

高標準在很多時候，反而成了極端片面的害人理念，既然知道是這樣，我們何不捨去這個太過銳利的執念，放自己一馬呢？

老實問自己

我們都知道，人不可能永遠處在顛峰狀態的，人生沉浮起落，坎坷挫折，在人生的旅途上，有很多「下坡路」，是我們不能不走的，但是當我們的人生，真的開始往「下坡路」走的時候，我們真的能夠像在人生順遂的時候，那麼怡然自得嗎？

捨不得の活法

事實上，就是這個「人往高處走」的理念，毀了許多人，欺瞞了許多人。

人生總有不順的時候，如果這時還是一味地往高處走，就會遭遇打擊，飽嘗痛苦，陷入煩惱的境地。

放棄，有時會是最明智的選擇

「人生是不確定的」，外在的事物總在不斷地變化，好與壞，順與不順，定會接踵而來。為了能夠活得好一些，並時時快樂著，放棄，有時會是最明智的選擇。

某公司被兼併了，幾百名員工一同失業，他們一蹶不振，只有一個員工老李挽起袖子，到一家小餐館當送菜的服務生。

某企業倒閉了，人們喪氣到了極點，老張卻在第二天下樓修起了鞋子。

老黃是某事業單位的主管，公司倒閉後，不但職務沒了，吃飯也成了問題，他什麼也沒說，到一家保全公司當警衛。

降低標準，不僅要降低生活的標準，還要降低位置，放下架子，不顧面子，甚至還要「捨棄」內心的追求與以往美好的嚮往。

在人生的許多大逆轉中，許多人之所以敗下陣來，甚至從此被打敗，都是因為不肯「捨棄」。而那些肯捨棄、降下身分的人，很快又會快樂起來。

由此可見，捨棄，是人生的一種快樂良方。

只是這種快樂良方，並不是每個人都能接受。但縱觀我們的一生，不管是主動的，還是被動的，捨棄卻是隨時存在著的。捨棄自己的身分，捨棄自己的名譽，捨棄自己的頭銜……正像佛家所說的「放下」二字。

我們的社會存在著很大的缺陷，它把人教育成了「力爭上流」的奴隸，反而讓天下很多原本就鬱悶的人們無所適從。

其實捨棄，並不是退縮，更不是消極，而是一種心理調理和應對。

「人生是不確定的」，外在的事物總在不斷地變化，好與壞，順與不順，定會接踵而來。

不管是在心理上，還是在客觀上，過高的標準都會使人時時處處面臨著一種高度的威脅。有時候，甚至使人變得灰心喪氣。

此時，是否能夠捨棄，需要英雄般的氣概。

許多偉人，許多大人物，都不是一味抓著過去不放的人，而是都能在「捨棄」中完善自己，從頭再來。

為了能夠活得好一些，並時時快樂著，放棄，有時會是我們最明智的選擇。

老實問自己

曾經風光一時的你，如果在事業上遭逢變故，你能否放下自己過去的身分，放下自己過去的頭銜，放下自尊，不顧面子地到餐館去當送菜的服務生，或是到保全公司去當警衛嗎？

捨不得の活法

在人生的許多大逆轉中，許多人之所以敗下陣來，甚至從此被打敗，都是因為不肯「捨棄」。而那些肯捨棄、降下身分的人，很快又會快樂起來。

第七輯：我們得到的，往往會比失去的更多

當我們終於成功了，失去的是青春；我們終於事業有成了，失去的是健康⋯⋯
所以，不要為「捨去」的追悔傷心，也許「捨去」意味著更好的「得到」。

感謝批評自己的人

人跟稻穀一樣；最珍貴的不是保護自己的外殼，而是潔白晶瑩的內心。

大多數人都樂意聽表揚、奉承、恭維、抬舉的話。不管是真是假，聽到這些話，總覺得特別順耳，不只聽得心裡舒服，還臉上有光。

因此，面對批評和讚揚，人們近乎本能地拒絕前者而喜歡後者。這除了可能是批評者不懂得批評方式之外，更主要的是批評和讚揚的本身會使人產生兩種相反的心理反應。當一個人受到批評時，往往會覺得丟臉、難堪，而在得到讚揚時，會讓自己有振作、興奮和快樂的感覺。

因此，人們一般不會認為被批評是件開心的事。

所以人為了維護自己的面子和自尊，常常就會有意無意地以種種方式來拒絕、逃避批評，很少有人會真正把批評看做是針對自己的行為而不是人格。

從理智上說，幾乎所有人都懂得「人無完人」的道理，也沒有多少人知道對待批評應本著「知錯能改，善莫大焉」的態度。

平時，我們不難聽到或看到人家使用「歡迎批評」一類的詞語，甚至自己可能也用過。但實際上，一旦有人果真提出批評時，受批評者往往就會像遇到電擊一樣立即縮回，然後面紅耳赤的為自己辯護。

這種經歷和體驗，你、我、他大概都不陌生吧！面對批評，人們腦子裡首先想到的多半不是自己的過錯，而是「大家跟我差不多，你為什麼單和我過不去」；「你不拿鏡子照照自己，有什麼權利批評我」等等的反應。

其實我們同時試著想想，被別人指責缺點和錯誤時，能夠自我反省的人，才能提高自己的人格，同時成為一個有內涵的人。

挨罵反而能促使進步，請把心中多餘的虛榮給「捨棄」，這樣我們才有機會，迎接改善向上的契機。

所以想要發怒時，最好心中默念：「等一等！」

說出這句「等一等」的時間，就是我們把不需要的虛榮心「捨棄」掉，進而將這些時間用來改變自己，讓自己變得跟以前不一樣。

老實問自己

如果別人指著你的鼻子大罵「你是什麼東西？」的時候，你的反應是絲毫不動怒，心平氣和地跟對方說：「謝謝批評指教！」還是立刻跟對方回嗆：「他才是什麼東西？」

捨不得の活法

平時，我們不難聽到或看到人家使用「歡迎批評」一類的詞語，甚至自己可能也用過。但實際上，一旦有人果真提出批評時，受批評者往往就會像遇到電擊一樣立即縮回，然後面紅耳赤的為自己辯護。

沒有人喜歡別人責罵自己

當別人罵我們的時候，其重點並不是自己有沒有做過別人罵我們的那件事，而是有沒有將別人指責我們的那件事情做好。

一般人總是討厭聽批評指責自己的話。聽到這些話就覺得刺耳，非但心裡不舒服、不愉快，而且臉上也難掩不悅的神情。

如果批評者是自己的上司，即使不便頂撞幾句，也可能耿耿於懷，在工作中消極抵抗；如果批評者是自己的同事，即使不大發雷霆，也可能會報以諷刺挖苦，或伺機找碴；如果批評者是同學或朋友，即使不和他爭吵一番，也可能會責怪對方，背叛自己，並把彼此間的情誼打上問號。

殊不知這正是一般人常犯的一種因為過度愛面子所導致的心理脆弱或是沒有自知之明

的錯誤。

老劉在公司因為年紀大、經驗夠，所以雖然只是個萬年課長，一般大家都謙讓他，即使是公司高階主管們也都讓他三分。

這次，公司年報的工作他沒有完成，經理找到他詢問進度，老劉豪氣地回說：

「忘了！」

年輕的經理耐著性子說：

「老劉啊，你忘記是沒有關係，但整個公司的工作進度就要因此被拖住了。」

照理說，經理的話語內容中肯實在，也客客氣氣的沒有亂發脾氣，但是劉課長不這麼想。他多少年來沒有被批評過，現在被年紀小了十多歲的經理念一下，就讓他的拗脾氣整個爆了出來，開口粗聲粗氣的跟經理對罵。

辦公室的同事也沒辦法勸和，一個個面面相覷，而經理氣得臉都白了，渾身不停的發抖。

事後，高階主管們集體研究，為了公司內部的安定，決定讓劉課長提前退休。

其實，這種情況完全可以避免。

要知道，在絕大多數人的心目中，下屬被上司斥責是理所當然的事。

所以當你處於下屬位置時，千萬不要因遭呵責而感覺面子難堪，同事也隨時可能受批評，因而不會輕視你；上司們也還有他的上司，在他的上司那裡，情況就像你遇到的一樣，他們更覺得訓人與被訓是家常便飯，不足為奇。

所以，既然上司已經斥責了，還是幹乾脆脆地道歉吧！這在上司的眼裡，才是下屬應有的態度。

老實問自己

如果你是一個公司的資深幹部，連你的頂頭上司，都是你的後輩，但當有一天你跟前述故事中的老劉同樣犯了一個會影響公司運作的錯誤，你會虛心地接受你的後輩上司的責罵？還是惱羞成怒地跟你的後輩上司對罵？

捨不得の活法

一般人總是討厭聽批評指責自己的話。聽到這些話就覺得刺耳，殊不知這正是一般人常犯的一種因為過度愛面子所導致的心理脆弱或是沒有自知之明的錯誤。

「失敗」並不代表一無所獲

禁不起失敗或挫折考驗的人，亦是失敗命運的擁有者。有些人不能很好地面對挫折或失敗，於是當他們遇到一些經濟上、生活上或名譽上的挫折、失敗時，思想就崩潰了。

人生猶如一個豪大的賭局。在這場賭局中，誰也不能成為永遠的贏家，誰也不可能永遠做輸家。人生總是要歷經眾多的大風大浪，這樣的經歷成就了一批人，也同樣葬送了一批人。

有些人不能很好地面對挫折或失敗，於是當他們遇到一些經濟上、生活上或名譽上的挫折、失敗時，思想就崩潰了。

有一位教授正在考慮明天給學生們上的一節哲學課，卻為了想不到一個好的講題而心急如痲。他六歲的兒子，總是隔一會兒就跑到他的書房裡去，東玩西跳的弄得他心煩意亂。

教授為了安撫兒子不讓他來搗亂，情急之下，便從書桌上的一本雜誌裡，找出一張世界地圖的夾頁，然後撕下來，並將地圖撕碎，再將這些地圖碎片遞給兒子說：

「來，我們做一個有趣的拼圖遊戲。你回自己房裡去把這張世界地圖拼好，我就給你一美元。」

兒子出去後，教授把門關上，得意地自言自語：

「哈，這下可以清靜了。」

誰知沒過幾分鐘，兒子又跑來了，並說圖已拼好了。教授大吃一驚，急忙到兒子房間去看結果，果然那張撕碎的世界地圖，完完整整地擺在地板上。

「兒子你真棒，不過怎麼會這樣快？」教授吃驚地望著兒子，不解地問。

「是這樣的，」兒子說，「世界地圖的背面，印有一個名人的頭像，只要人拼對了，世界地圖自然就對了。」

教授愛撫著小兒子的頭若有所悟地說：

「說得好啊，人對了，世界就對了——我已經找到明天的講題了。」

人對了，世界就對了——正是我們應該對待失敗的態度。

失敗是什麼?客觀地說它只是沒有得到或丟失一些東西；主觀地說它只是一種心靈狀態而已。客觀上的失去或沒得到，表面上看我們是失敗了，但失敗不代表一無所獲。

我們都希望事情會如自己想像的方向發展，但是事實卻未必如此，此時，失敗的陰影，總會第一個襲向我們。

一旦被它纏住是件很苦惱的事情。當遇到這種情況時，一定要讓我們的心靈變換一種狀態，拋開壓抑，從容樂觀地對待這種情況。

所以，真正懂得生活的人，總是在失敗的時候，能夠「捨去」負面的影響，並將情緒轉化，然後「得到」積極、正面的能量，告訴自己：「天無絕人之路。」

老實問自己

如果你花很多時間和精力在一件很想成功的事情上面，但最後卻是獲得失敗的結果，你真的能夠用樂觀的態度，來看待這個失敗的結果，甚至在第一時間捨去負面的情緒，並將這些負面情緒，轉成積極、正面的能量嗎？

捨不得の活法

失敗是什麼？客觀地說它只是沒有得到或丟失一些東西；主觀地說它只是一種心靈狀態而已。客觀上的失去或沒得到，表面上看我們是失敗了，但失敗不代表一無所獲。

將「絆腳石」當成攀向成功巔峰的「墊腳石」

不要只看見黃濁的河水，還要能看到漂流在其中的金沙。任何事業都不會一帆風順，人生的大道上，會遇到許多絆腳石，但只要正確對待，不氣餒，持之以恆，始終堅定如一，總有把絆腳石「丟開」的辦法。

有一個樵夫黃昏回家時，發現他的房子起火燃著了。左鄰右舍都前來幫忙救火，但是因為風勢過於強大，所以還是沒能將火撲滅。一群人只能靜待一旁，眼睜睜地看著熾烈的火焰吞噬整棟木屋。

大火終於滅了，只見這位樵夫手裡拿了一根棍子，跑進燒成灰燼的屋裡不斷地翻找。圍觀的鄰人們以為他在找藏在屋裡的珍貴寶物，所以都好奇地在一旁注視著樵夫，企盼他快點兒找到，也好看看是什麼寶物。

過了半晌，樵夫終於興奮地叫起來：

「我找到了！我找到了！」

鄰人們也跟著滿臉期待的走上前去，紛紛湧到樵夫身邊一探究竟，這才發現樵夫手裡捧著一柄柴刀根本不是什麼值錢的寶物，於是又都掃興地逐個離開。

樵夫興奮地砍下一段木棒嵌入柴刀裡，充滿喜悅地說：

「謝天謝地，它還在。只要有了這柄柴刀，我就可以再建造一個更堅固耐用的家了。」

我們應該敬佩那些從不幸中站起來的人，正如故事中的樵夫一樣，當他面臨不幸的時候，他並沒有被一時的厄運擊倒，反而從中找到了另外一個值得去高興的理由——他的柴刀。

因為，柴刀就是他的希望。

富蘭克林曾說：「有耐心的人，才能達到他所希望的目的。」

任何事業，都不會一帆風順，人生的大道上，會遇到許多絆腳石，但只要正確對待，不氣餒，持之以恆，始終堅定如一，總有把絆腳石「丟開」的辦法。

成功的人，大部分都曾被失敗衝擊過，但是他們和失敗的人，最大不同的是他們的心靈，非但一刻也沒有被擊倒，而且能夠積極地向著成功之路邁進，所以他們成功了。

這些人的人生如船，在猝不及防的情況下，可能遭遇到狂風暴雨、驚濤駭浪、冰山暗礁……只要你的心靈之舟不沉沒，你就不能丟掉希望和意志力，也才能在失敗的道路上，踏出一條成功的足跡。

老實問自己

如果你是故事中的那個樵夫，當你的房子不幸發生火災，你奮不顧身衝進火場中，最想搶救出來的東西，是銀行存摺和印鑑？保險櫃裡面的現鈔和黃金？還是故事裡樵夫口中，那柄可以再建造一個更堅固耐用的家的「柴刀」？

捨不得の活法

成功的人，大部分都曾被失敗衝擊過，但是他們和失敗的人，最大不同的是他們的心靈，非但一刻也沒有被擊倒，而且能夠積極地朝著成功之路邁進，所以他們成功了。

我們的身心為何會疲憊不堪？

現代人生活在節奏愈來愈快的年代，成就感的誘惑始終存在，有太多的誘惑，太多的欲望，也有太多的痛苦，因此，我們身心才會疲憊不堪。

光榮和恥辱在人的心中總是很重要，人們愛惜它就像愛惜生命一樣。

什麼叫光榮和恥辱呢？得到時驚喜萬分；失去時心灰意冷，這就是心理的最大障礙。為何不刻意的收藏起自己的欲望，用看別人的眼光看自己？

唐朝某年間的一個清晨，在潤州西北的芙蓉樓上，來了兩位士人。他們一位是大名鼎鼎的詩人王昌齡，另一位則是他的朋友辛漸。

漫江寒雨漸漸停了，寒雨增添幾分秋意。辛漸要從這裡渡江北上，取道揚州到洛陽去，當船已經停泊在岸邊，王昌齡昂起頭，目光炯炯地說：

「因為要給你餞行，我做了一首詩。」於是，他對著浩浩江水，朗聲吟了題為《芙蓉樓送辛漸》的詩：

寒雨連江夜入吳，平明送客楚山孤。

洛陽親友如相問，一片冰心在玉壺。

辛漸被感人的佳句打動了，連連讚道：

「好詩！好詩！『一片冰心在玉壺』，表明你始終堅持自己清白自守的節操，多麼高尚，令我欽佩！」

兩位朋友再次珍重道別，辛漸登上了江邊的船，揚帆而去。岸邊的王昌齡，遙望遠處矗立的楚山，覺得自己也像楚山那樣孤零零的。

一片冰心在玉壺，追求自身的高潔，用淡泊的心懷看待世事，這就是高超的做人和處事的哲學。

自己內心純潔，就不怕別人的惡意詆毀和誹謗；抱著淡泊的胸懷，名利如浮雲一般，入不得耳目，擾不了心志。只有這樣，人生才踏實、充實。

現代人生活在節奏愈來愈快的年代，成就感的誘惑始終存在，有太多的誘惑，太多的欲望，也有太多的痛苦，因此，我們身心疲憊不堪。

一個人必須「拋棄」那些七彩霓虹、混亂人心的事物，要以清醒的心智和從容的步履走過歲月，擁有在精神中，一種視功名利祿如浮雲的不能缺少的氣魄。

老實問自己

如果有人告訴你，必須先拋開目前所擁有的功名利祿，先放棄現在所擁有的全部，才能獲得自己真正所需要的淡泊生活，你會義無反顧的捨去日前好不容易才擁有的一切嗎？

捨不得の活法

自己內心純潔，就不怕別人的惡意詆毀和誹謗；抱著淡泊的胸懷，名利如浮雲一般，入不得耳目，擾不了心志。只有這樣，人生才踏實、充實。

我們得到的，往往會比失去的更多

當我們終於成功了，失去的是青春；我們終於事業有成了，失去的是健康⋯⋯所以，不要為「捨去」的追悔傷心，也許「捨去」意味著更好的「得到」。

榮寵和恥辱的降臨往往象徵著個人身分地位的變化，所以，人們得寵之時也就是春風得意之時，他們當然唯恐一朝失去，就不免時時處於自我驚恐之中。

要是人生看不破「名利」二字，就會受到終身的羈絆。名利就像是一副枷鎖，束縛了人的本善，抑制了對於理想的追求。

不被事物所拘束，是古往今來許多人一生的所求。不必為過去的得失而後悔，不必為現在的失意而煩惱，也不必為未來的不幸而憂愁。

拋開名利的束縛和羈絆，做一個本色的自我，不為外物所拘，不以進退或喜或悲，待人接物豁然達觀，不為俗世所滋擾。

煩惱和羈絆，都是由於自己的「不能捨棄」或是看得太重而引起的。人生於世，無論君子聖賢雅士也好，還是小人俗人凡人也好，誰也不可能一開始就無所謂的去捨棄。

俗人愛財，難道君子就不需要了嗎？聖賢如果沒了一口三餐，他也要去賺錢的。但不要執著，要懂得「棄捨」。拿得起放得下，這才是俗世的淡泊。

當我們終於成功了，失去的是青春；我們終於事業有成了，失去的是健康；一些所謂的成功人士有許多情婦的時候，失去的也許是忠貞不渝的愛情和夫妻間的相濡以沫；兒孫滿堂時，失去的卻是一生。

所以，不要為「捨去」的追悔傷心，也許「捨去」意味著更好的「得到」，只要你選擇的是純潔而又美好的理想；不要為「得到」而沾沾自喜，也許「得到」代表著你將失去更多，如果你選擇的是虛榮而又自私的目標。

德國哲學家康得就非常厭惡「沽名釣譽」，他曾經幽默地說：

「偉人只有在遠處才發光，即使是王子或國王，也會在自己的僕人面前，大失顏面。」

也許，正是因為有了這樣一份淡泊的心境，世界才又多了幾絲溫暖，幾分快樂；也許正是少了幾分對名利的追逐，世界才又多幾分自在，幾般快慰。

淡泊胸懷，獨善自身，人生便不受困擾，心神才會一片安泰！

老實問自己

當我們知道自己用盡一切努力，得到自己想到的東西之後，可能會讓自己失去更多更寶貴的東西時，我們還會那麼竭盡心力去追求自己想要獲得的東西嗎？

捨不得の活法

拋開名利的束縛和羈絆，做一個本色的自我，不為外物所拘，不以進退或喜或悲，待人接物豁然達觀，不為俗世所滋擾。

患得患失的人，會讓自己過得很辛苦

一個人的精力總是有限的，如果什麼都想得到，太過於貪心，則很可能什麼也得不到，什麼事也做不成。患得患失的人，不會有開闊的心胸，不會有坦然的心境，也不會有真正的勇敢。

「仁者不憂，智者不惑，勇者不懼」這是孔子留給我們後代人的處世名言。

然而，孔子這句話的白話意思是說，真正有仁心的人，不會受環境動搖，也沒有憂煩。真正有智慧的人，什麼事情一到手上，就清楚了，不會迷惑。真正有大勇的人，遇到任何棘手的事情，從來就沒在怕的。

人的內心要是足夠強大，可以化解生命中很多很多遺憾。

要做到內心強大，一個前提是要看輕身外之物的得與失。太在乎得失的人，被孔子斥為「鄙夫」。鄙夫，意義幾乎等同於小人，就是不上台面的鄙陋的人。

孔子曾經說過，像鄙夫這樣的小人，你能讓他去處理國家大事嗎？不能，這樣的人在沒有得到利益時，抱怨不能得到，得到了以後，又害怕會失去。既然害怕失去，就會不擇手段去維護既得利益。

這種患得患失的人，不會有開闊的心胸，不會有坦然的心境，也不會有真正的勇敢。世間事，凡有一得，必有一失，凡有一失，必有一得。

我們出來做事，如果一點都放不開，什麼也捨不得的話，很可能就什麼也得不到；你撿起一塊石頭之後，如果一直緊抱地捨不得放下，雙手就不能用來幹別的事了。

而一個人的精力總是有限的，如果什麼都想得到，太過於貪心，則很可能什麼也得不到，什麼事也做不成。有的人總妄想做遍世上的一切工作，那太不實際了。人還是一輩子把幾件事做好就好，就算不能做到百分之百完美，但至少把那幾件做的像個樣子，也就可以了。

希爾．西爾弗斯坦在《失去的部件》中記述了這樣一個故事：

一個圓圈失去了一個部分，讓它從一個完整的圓，變成了像C一般的符號，圓圈不喜歡它的不完整，所以旋轉著去尋找這個部分。

因為，缺少了一部分，所以它滾動得非常緩慢，這使得它有機會欣賞沿途的鮮花，可以與陽光對話，和地上的小蟲聊天，同蝴蝶吟唱……

而這是它在完整無缺、快速滾動時無法注意、沒能享受到的。

但當它找到那個部分之後，因為滾得太快，它不能從容欣賞花，也沒有機會聊天，因而失去了所有的朋友，一切都變得稍縱即逝，從此，圓圈總是孤孤單單……

老實問自己

雖然，我們都知道「一個人一輩子只要做好幾件事情就可以了」，但是，當我們在這幾件事情之外，遇到更多對自己更有現實利益的事情時，我們真的會眉頭都不皺一下，就將這些事情捨棄掉嗎？

捨不得の活法

有的人總妄想做遍世上的一切工作，那太不實際了。人還是一輩子把幾件事做好就好，就算不能做到百分之百完美，但至少把那幾件做的像個樣子，也就可以了。

我們為什麼要讓自己活得很累？

不是一切得到都意味著圓滿：要是連一點都放不開，什麼都捨不得，什麼都想得到，就會活的很累。

不肯摧眉折腰事奉權貴，李白選擇了騎鹿遊名山，失去了權勢，卻得到了開心。誤落塵網三十年後，陶淵明選擇了守拙歸田園，他揮揮衣袖，吟道：「少無適俗韻，性本愛深山。」雖然失去五斗米，卻挺直他的脊樑。

在惶恐灘頭，在零丁洋裡，文天祥一身浩然正氣，不被利祿所惑，不為強權所服，失去了生命，卻得到了千古讚頌。

上述這些歷史人物，想要告訴我們的就是並非所有的失去，都只意味著缺憾。

而在國家生死存亡的關頭，秦檜為了個人的恩怨，讒言獻媚，一旨「莫須有」，斷送了宋朝大好河山。是的，他得到了滿足，卻留下了千古罵名。

在人生道路上，在花花世界裡，你是否看清：不是所有的「失去一切」都意味著缺憾，不是所有的「得到一切」都代表富足。

在天台國清寺有兩個詩僧，坐在幽靜的林子裡，在月光下對話。

一僧問：「世人謗我、欺我、辱我、惡我，如何？」

一僧答：「你只需由他、任他、忍他，你且看他。」

其實，無論失去或得到，只需用一顆平靜的心去面對。在面對別人的惡意時，要忍耐、放任別人的想法，不要妄加去抑止，也許在別人為我們不為所動的表現驚訝時，就會改變之後的態度；沒有作為的缺，也可能帶來和平的圓。

「得」與「捨」的關係是很微妙的，一個人一生中，可能只可以得到有限的幾樣東西，而這些東西，可能要用一生的時間來換取；在這個意義上，人生是個悲劇。

這個世界上有那麼多美好的東西，可是老實說那一切都與我們無關，它只是做為一種誘惑出現，就算眼睜睜看著別人將它拿走，也不會影響我們現有的生活。

要是連一點都放不開，什麼都捨不得，什麼都想得到，就會活的很累。想想，我們本來就一無所有，甚至這世界上本來是沒有我們的，從這點看，最起碼我們已經獲得生命，和來世界走一遭的體驗。

參透了「得」與「捨」，就不會得意忘形，也不會悲觀失望，參透了「得」與「捨」，就能夠擁有一顆平常心，一顆從容淡泊過日子的心。

老實問自己

如果「得到一切」會讓你「下地獄」，「失去一切」則是會讓你「上天堂」，那麼你會選擇「得到一切」或是「失去一切」？

捨不得の活法

「得」與「捨」的關係是很微妙的，一個人一生中可能只能得到有限的幾樣東西，但是這些東西可能要用一生的時間來換取⋯

第八輯：堅持不該堅持的執著，只會讓人受傷

我們總是在追逐一個決定性的瞬間，但每個瞬間都是決定性的。其實，人生有很多無謂的錯過，有時是因為固執地堅持了不該堅持的。

一切煩惱都因為執著不應該的執著

一個人擁有了財富，他會害怕財富的失去；擁有地位，害怕別人窺視他的權位；擁有色身，害怕死亡的到來…

許多人因為對「得」的認識不足，總是在「擁有」的心態下生活，對於人生的一切，似乎都會生起不該生起的「執著心」。

比如在日常生活中，我們執著地位、執著財富、執著事業、執著信仰、執著情感、執著家庭、執著生存的環境、執著擁有的知識、執著人際關係、執著自身的見解、執著技能所長、執著一切自己想執著的一切…

由於執著的關係，我們對人生的一切都產生了強烈的佔有、戀戀不捨的心態，因而給自己帶來了種種無謂的煩惱。

佛家有句話說：「無罣礙故無有恐怖」，意思是沒有罣礙、沒有無法捨去的事物，也就不會擔心受怕。

就是因為有執著、有牽掛，所以才會對擁有的一切產生恐怖的情緒，比如一個人擁有了財富，他會害怕財富的失去，想法子如何保存它；擁有地位，害怕別人窺視他的權位；擁有色身，害怕死亡的到來；穿上一件漂亮的衣服，怕弄髒了；總之，對擁有的執著牽掛，使得我們終日生活在恐怖氛圍之中。

禪修者看破世間的是非、得失、榮辱，無牽無掛，自然不會有任何恐怖。就像死亡這樣大的事，在世人看來是最為可怕的，但禪修的人卻也一樣自在灑脫。

唐朝有位德普禪師在他瀕死之前，把所有的門徒全召齊，問大家：

「我死了以後，你們準備怎樣對待我啊？」

弟子們立刻表示：「我們會以豐盛的果物來祭拜，開追悼會，寫輓聯，盡一切孝心來紀念師父。」

禪師撐著最後一口氣哈哈笑著，悠悠的說：「我死了，你們祭我、拜我，我又看不到，不如趁我現在活著，舉行這些儀式，讓我開心以後再死，好不好？」

弟子們聽了禪師的話後，面面相覷，但又不敢違師命，於是佈置靈堂，準備了珍饈美味，寫祭文，舉行隆重的祭拜儀式，禪師吃飽看足了，很高興地對弟子們嘉獎一番，含笑坐化。

禪修的人，隱居山林之中，面對青山綠水，一瓶一缽，了無牽掛，對於他們來說，生死之間的差異都已不成問題，那麼還有什麼，可以值得他們操心？

老實問自己

我們都知道一切煩惱都因為執著不應該的執著，但是你是否敢捫心自問，如果有人叫你不要執著現在擁有的地位、財富、事業…放下一切目前每天汲汲營營想要追求的名利，你真的做的到嗎？

捨不得の活法

在日常生活中，我們執著地位、執著財富、執著事業、執著信仰、執著情感、執著家庭…由於執著的關係，我們對人生的一切都產生了強烈的佔有、戀戀不捨的心態，因而給自己帶來了種種無謂的煩惱。

有什麼欲望，就會有什麼妄想

有什麼欲望，就會有什麼妄想；有什麼妄想，就會有什麼執著，這世界就會出現什麼現象⋯有這麼多隻腳的蜈蚣都沒穿鞋，只有一個身體的我們，實在不用老是想把衣櫃塞滿⋯

人生存在世界上總有許許多多的想法，這些想法大多基於個人欲望的需要：當我們肚子餓的時候，就想找飯吃；覺得吃的太單調了，就想換口味；感到冷的時候，就想找衣服穿；覺得走路太累，才有汽車的發明；覺得活的不夠風光，才有權力的要求；覺得單身太孤單，才有談情成家的願望；覺得精神生活貧乏，於是藝術宗教的信仰便產生；閒得無以消遣，於是才有電視等各種娛樂用品的出現。

總之，人類有什麼欲望，就會有什麼妄想；有什麼妄想，就會有什麼執著，這世界也才會出現什麼現象。在現實社會中，人人都有執著，因為執著不同，各人妄想的傾向當然也不一樣。

比如女孩執著於服飾：她會關心社會上各種流行的服裝款式；她會時常想著自己應該穿什麼樣的衣服才漂亮；她會去注意每個人穿的衣服是否合身；她會想辦法賺錢，買到自己喜歡的衣服；當她還沒有穿上衣服時，面對衣櫃中琳琅滿目的時裝，會不停地挑選上好一陣；當她穿上衣服的時候，會在鏡子前面，晃上好長時間⋯⋯

因為，對衣服的執著，以至於讓衣服佔據她思維的大部分空間。過於執著服飾的人，有時就會忽略了生命的內在美。

就像童話故事中，那個一味追求華麗衣裝的國王。為了穿更好、更漂亮的衣服，他聽信兩個冒牌裁縫師的謊言，相信他們給他的是一件絕無僅有，只有聰明人才看到的高檔衣裝，後來又因為拉不下臉，承認自己不夠聰明，因此才會有全身赤裸，只穿著一條大內褲巡視國土這樣的荒唐事產生。

幸好最後有一個純真、勇敢的小孩說出事實，讓國王終於看透自己被那些不切實際的妄想蒙蔽住了。

那個敢於在全國面前說出真話的孩子，看起來是那麼的特別，但其實，我們都曾經是那個「小孩」。我們曾經單純、直接、沒有顧忌也沒有欲求，所以能看見眾人雖然看得見，卻不願說出的事情真相，只是長大後，越來越多的教條、對金錢財富的追求，掩蓋住我們的眼睛，讓我們從一個純真的孩子變成貪求華麗的盲目國王。

老實問自己

如果有一個全身赤裸的國王跟你說，只要你跟他說他的身上穿了一件全世界絕無僅有的華麗衣裳，他就可以保你終身榮華富貴，你會閉著眼睛說他的身上真的穿了一件他口中所說的衣服嗎？

捨不得の活法

其實，我們都曾經是那個勇於戳破「國王新衣」的小孩。我們曾經單純、直接、沒有顧忌也沒有欲求，所以能看見眾人雖然看得見，卻不願說出的事情真相……

沒有能合所有腳的鞋子，也沒有能直達幸福的道路

不要因為看起來成功、誘人，就把別人的人生硬套在自己身上；口味都會因人而異，更何況是幸福。

《佛說生經》上說：一切世間欲，非一人不厭，所有有危害，云何自喪己？一切諸眾流，悉皆歸於海，不以為滿足，所受不厭爾。

這句話的意思是說，一切世間的欲望，沒有一個人不想滿足，這些欲望有著非常大的危害，為什麼還要自找傷害？大大小小一切河流，全都流歸大海。欲望不能滿足，貪愛沒有止境。

是啊，欲望像愈滾愈大的雪球，蠱惑著人們拚命向前。而那個向前的方向是通向「幸福」嗎？幸福的標準又是什麼呢？有許多人甚至到走到人生的盡頭時，都還不知道答案。

而這只因為人們的心靈被欲望佔據久了，因此都有些麻木了。

有位著名的心理學家說：

「一個人體會幸福的感覺不僅與現實有關，還與自己的期望值緊密相連。如果期望值大於現實值，人們就會失望；反之，就會高興。」

的確，在同樣的現實面前，由於期望值不一樣，你的心情、體會就會產生差異。

國外有個研究發現，在一家連鎖快餐店中提供給顧客的，永遠是十七公分厚的漢堡與四℃的可樂。據研究人員研究，這是令客人感覺最佳的口感。

但是，我們也可以選擇把漢堡做成二十公分厚，把可樂加熱到十℃，雖然它們不見得是大眾喜歡的口味，對有些人來說，卻可能是一級棒的高級享受。

其實，幸福就是這麼一回事，只要一個合口味的漢堡和可樂就足夠。幸福，不是被大眾所規範出來，就能夠一視同仁、萬國通用的，它必須由我們自己去體會、去找尋。

就像對某些人來說，深夜靜謐而美麗的星空能帶來的震撼，遠比數億打造的好萊塢電影更深入心底。

所以幸福到底是什麼?許多人都在問，其實得到幸福很簡單。聽一聽自己內心的聲音，「捨去」那些對自己來說根本就不實用的夢想和追求，那麼，你就被幸福包圍了。

老實問自己

如果有一個億萬富豪開出一億元的天價，要你放棄現在所擁有的一切「幸福」，這些你擁有的「幸福」，包含你的美滿家庭、你最喜愛的興趣、你最喜歡的悠閒時間…等等，你會同意這個「魔鬼交易」嗎？

捨不得の活法

其實，幸福就是這麼一回事，只要一個合口味的漢堡和可樂就足夠。幸福，不是被大眾所規範出來，就能夠一視同仁、萬國通用的，它必須由我們自己去體會、去找尋。

只要減去一份欲望，便會得到一份幸福

追求幸福最有效率的方法就是「捨去」我們的欲望。藉由心理調適，使自己能夠平靜地看待目標，從而減輕或消除心理負擔，幸福也就會悄然而至。

一個老人見到一個小孩不停對在天上飛翔的飛機揮舞雙手，便好奇的問道：

「你為什麼要一直抓天上的飛機？」

小孩回答說：

「我聽同學說，只要抓到一百架飛機，就能夠得到幸福。所以，我要努力的抓它，一旦我捉到了一百架、一千架、一萬架，就得到全世界最大的幸福。」

老人說：

「孩子，我也曾考慮過宇宙間的各種問題，我也曾經認為幸福就是那一百架飛機。但

是當我花費心力抓到一百架、一千架、一萬架，卻什麼都沒有得到之後，才發現能帶來幸福的不是飛機，而是相信飛機總是會來的那種渴望和期待……」

同樣道理，在現實生活中，人們總是喜歡拚命地追求、索取，以為這樣便可以得到幸福，殊不知，當費盡心機地實現這個目標，卻發現煩惱根本就沒有消除，而且很快我們就迷失在沒有實現的目標，在原本的煩惱外又更增添了新的煩惱。

如此反覆，永無盡頭。事實上，人們往往被欲望蒙蔽，因而誤解自己到底需要、想要的是什麼？

成龍拍完《我是誰》這部大片之後，在一次採訪中說，他拍電影的場地從非洲一路到繁華的都市，有著很深的感觸。

成龍說：

「在非洲，人們很容易滿足，有麵包能吃飽肚子，那就是幸福的一天。可是，繁華都市裡的人，不用擔心三餐，卻有著很多的煩惱，他們總是在追求自己所不需要的東西。」

其實，追求幸福最有效率的方法就是「捨去」我們的欲望。藉由心理調適，使自己能夠平靜地看待目標，從而減輕或消除心理負擔，幸福也就會悄然而至。

一位智者說：「人生不同的結果，起源於不同的心態。」的確，假如世界變得灰暗，那是我們心中不夠燦爛。

「只要減去一份欲望，便會得到一份幸福。」在世界上所有獲得幸福的途徑中，這種方法的投入產出比最高，它基本上不用花一分錢，有時甚至能省錢。

老實問自己

或許，我們都知道追求幸福最有效率的方法，就是「捨去」欲望的道理，但是，如果有人因此找你搬到非洲去過那種「只要有麵包能吃飽肚子，就是幸福的一天」的「非常容易滿足」的生活，你願意嗎？

捨不得の活法

在現實生活中，人們總是喜歡拚命地追求、索取，以為這樣便可以得到幸福，殊不知，當費盡心機地實現這個目標，你發現煩惱非但沒有消除，而且，在原本的煩惱外又更增添了新的煩惱。

不懂捨得的人，永遠只會站在人生的岔路口

每個人總是想儘快獲得最美好的人生；但卻總是浪費大筆時間去猶豫不決。

生命的每時每刻，我們都會面臨兩難境地，我們都需要做出不得不的抉擇。然而，在人生的每一種選擇，經常擺在我們面前的是兩條或兩條以上的路。而且，每條路上都有無限風光，甚至都充滿了神秘、新奇、刺激和誘惑，讓我們不知道如何取捨，更難的是我們往往不知道「那條路」的收穫和風險的比例是多少，選擇其中之一條，就必須放棄另外一條，而這種「放棄」往往是令人痛心的。

「失去之痛」通常讓人暗自嘆息，於是人生的抉擇變得無比困難，人生的路就像唐僧取經的路一樣，既無比艱辛而又險象環生；那些明目張膽的妖魔鬼怪或許好對付一些，但那些用金錢、美色、名利堆砌的陷阱，卻很難讓人不為之所動。

因為，當我們面對難以抵禦的誘惑，往往產生非理性的自信，因而過分相信自己的運氣，鋌而走險。

如同古人安慰我們的名言「魚和熊掌不可皆得」，同時還加上一句極富哲理的勸告「魚我所欲也，熊掌亦我也所欲也，兩者不可得兼，捨魚而取熊掌也。」

魚和熊掌似乎比較容易選擇，兩者相差甚遠。然而，生命中大多數抉擇並沒有這麼簡單，雖然我們總是會勸告別人：「權衡利弊，把得與失寫在一條線的左右兩邊，當得大於失時就做，當得小於失時就放棄」，但事實上，是說的容易，但真正要去做，卻一點都不簡單。

現實生活遠非如此單純，得與失是很難做出正確的判斷，何況萬事萬物都是處於劇烈的變化發展當中，並且還是可以相互轉化的。

由於得到的東西，與將因得到而失去的東西，沒有太多的距離，於是將失去的一切，更令人無法忍受。

人生就像路上的無數岔路一樣，每條岔路都通向不同的目的地，不同的岔路上有不同的風景，不同的人走在不同的岔路上，欣賞不同的風景，享受不同的人生。

但如果一個無知的人，不懂得「捨去」其中任何一條，只是站在岔路中，不讓自己往前走的話，那就永遠無法看到真正的風景，無法走到真正的目的地。

老實問自己

或許，我們總是會勸告別人：「權衡利弊，把得與失寫在一條線的左右兩邊，當得大於失時就做，當得小於失時就放棄」但是，我們敢捫心自問，自己是不是經常會幹出「當得小於失時就做，當得大於失時就放棄」的蠢事呢？

捨不得の活法

人生的路就像唐僧取經的路一樣，既無比艱辛而又險象環生；那些明目張膽的妖魔鬼怪或許好對付一些，但那些用金錢、美色、名利堆砌的陷阱，卻很難讓人不為之所動。

除去自我中心，你就是一切

從宇宙的盡頭看回來，整個世界不過是一個點，山川、海崖都交融在一起，不分彼此；如果能夠這麼想，人們的得失心就顯得既渺小又可笑了。

有幾個爬山的人，見到山上一個人，站了很長時間動也不動一下，於是就非常好奇走過去問他：「你是在欣賞這裡的風景，還是在等人啊？」

「不是。」那人回答。

「那麼，你累了嗎？」

「沒有。」

「既然什麼都不是，你為什麼站在這裡？」

「我只是在這兒站著。」

站著，未必就非得因為什麼。什麼也不為就沒有得，也沒有失。在禪宗看來，因為人們生活在「二元世界」裡，就有了物與我的對立，就有了得失、美醜等等的是非判斷。除去自我中心，拋開物我對立，你就是萬物自然。你就是一切。

莊子曾在「逍遙遊」中講了這樣的寓言。堯把天下讓給許由，說：

「日月都出來了，而燭火還不熄滅，要和日月比光，不是很難為嗎？先生一在位，天下便可安定，而我還佔著這個位，自己覺得很羞愧，請容我把天下讓給你。」

許由回答說：

「你治理天下，已經很安定了。而我還來代替你，是為名聲嗎？是為著求權位嗎？小鳥在森林裡築巢，所需不過一枝，偃鼠到河裡飲水，所需不過滿腹。你請回吧，我要天下做什麼呢？」

這寓言是說：天地之間廣大無比，而在此之中，人所需又如此的渺小，拿自己的所需與天地相比那不是很可憐嗎？那麼何不效法天地之自然，而求得心性的自由和逍遙呢？

莊子要給予我們的也許是一種極宏遠的宇宙觀，讓人認識到至廣至大的極限處，解脫自我的封閉，超越世俗的小我。莊子的這種宇宙觀，難道不是一種智慧的體現嗎？

老實問自己

如果你是莊子「逍遙遊」中寓言的許由，當堯想將天下禪讓給你的時候，你真的會像當時的許由那麼瀟灑向堯回說：「你治理天下，已經很安定了。而我還來代替你，是為著求權位嗎？小鳥在森林裡築巢，所需不過一枝…你請回吧，我要天下做什麼呢？」

捨不得の活法

人們生活在「二元世界」裡，就有了物與我的對立，就有了得失、美醜等等的是非判斷。除去自我中心，拋開物我對立，你就是萬物自然。你就是一切。

當想著擁有什麼，就會被那個想擁有的東西給困住了

當人能夠放棄一切，才能夠走進世界。我們不是為了金錢物質而生存著，而是為了生存才有必要擁有那些金錢物質；要活得像個人，就不能成為物質的奴隸……

自從我們出生以後，就開始有很多東西，會標上自己的名字，如金錢物質，但這些東西真的屬於我們嗎？

的確，有了金錢，可使生活更加安定，也可以讓生活變得多彩多姿。但儘管如此，仍有些人仍然不滿足於此，只對存摺裡面的數字增加，引以為樂。

我們不是為了金錢物質而生存著，而是為了生存才有必要擁有那些金錢物質；要活得像個人，就不能成為物質的奴隸，而應該有效地使用它們，成為它們的主人。

現代社會，人們越來越依附於文明所創造的一切。在表面上看來，我們與社會的聯繫

更為密切了，但實際上，對物質的依賴使我們與生命本然、萬物自然的聯繫日趨減弱。純粹功利所導致的，是生命的相互隔閡和疏遠。人與生命的聯繫，已不是人與人，而是人與物的聯繫。

也因如此，人們的慾望變得無邊無際，所以更應該明白其界限，滿足於目前所能擁有的，心存感謝之心。不然，儘管在表面上擁有得比別人多，但未必就能帶給自己幸福。

莊子說過：「至人無己。」無己；即破除自我中心，亦即揚棄功名束縛的小我，而達到與天地精神往來的最終境界。

莊子一直以來所主張的超脫，實際上是「捨去一切」之後的無知無慾，表現在人生理想上，那就是「無名」，即獨與天地相往來的獨善其身。

對於生活在現實生活中的我們而言，莊子對天地精神的崇拜，固然顯得玄虛了一些，但針對構成我們世界的純利益追求，以至於忘卻了自己的人來說，莊子的宏論和超脫，還是具有一定借鑒的意義。

雖然人很難做到如莊子所言，無知無慾而達到超脫，但效法天地之自然渾成，而注意自我心性的保持，能夠超然物質欲求之外，也許，倒是頗值得我們去追求的一種有益的人生境界。

老實問自己

或許，我們都知道「要活得像個人，就不能成為物質奴隸」的道理，我們也知道自己不能為了金錢物質而生存著，而是為了生存才有必要擁有那些金錢物質，但問題是我們真的做的到不為了金錢物質而活著，真的能夠成為金錢物質的主人嗎？

捨不得の活法

人們的慾望變得無邊無際，所以更應該明白其界限，滿足於目前所能擁有的，心存感謝之心。不然，儘管在表面上擁有得比別人多，但未必就能帶給自己幸福。

堅持不該堅持的執著，只會讓人受傷

我們執著於名與利，執著於幻想與美夢，執著於空想與追求。其實，人生有很多無謂的錯過，有時是因為固執地堅持了不該堅持的。

曾經有一對大學同學。他們深愛著對方，卻因為一件看起來微不足道的小事鬧翻了。畢業後他們天各一方，各自走過了一條坎坷的人生旅途。

他們的婚姻都不太美滿，所以時時懷念年輕時的那段戀情。如今他們都老了，一個偶然的機會，他們終於又相聚。

他問她：「那天晚上我來敲妳的門，妳為什麼不開門？」

她說：「我在門後等你。」

「等我？等我幹什麼？」

「我要等你敲第十下才開門……可你只敲了九下就停了。」

這個女人為這事後悔不已。她後悔自己過於執拗，她可以在他敲第九下的時候將門打開，或者在他離去時把他再叫回來，這樣她已經很有面子了。為什麼非要堅持等那第十下不可呢？

這段遺憾僅緣於女人過於執著那多出來的一次敲門而已。其實，人生有很多無謂的錯過，有時是因為固執地堅持了不該堅持的。

我們又何嘗不是如此，我們總喜歡給自己加上負荷，輕易不肯放下，自詡為「執著」，我們執著於名與利，執著於一份痛苦的愛，執著於幻想的美夢，執著於空想的追求。數年光陰逝去之後，我們才枉自嗟嘆於人生的無為與空虛。

我們常常自我勉勵：「我想當科學家」、「我一定要得到諾貝爾文學獎」……可是很多時候，這些理想與追求，反而成為了自己本身的一種負擔，好像冥冥之中有人舉著鞭子，驅逐著我們去追求一些自己可能永遠也追求不上的東西。

人生苦短，韶華易逝。選定目標就要鍥而不捨，以求「金石可鏤」。但如果目標不合適，或客觀條件不允許，與其蹉跎歲月，徒勞無功，還不如乾脆「捨去」。

當你「捨去」那些宏大而美麗的理想，選擇伸手可及的目標時，或許局面會瞬間柳暗花明，實實在在幸福正等在你的身旁。

老實問自己

其實，人生就是由一個、一個後悔所組成的，而這些「後悔」都是堅持不該堅持的「執著」所造成的，然而，以上這個道理，即便我們都懂，但是我們真的捨得放棄那些宏大而美麗的理想，去追求一個沒有遺憾與後悔的人生嗎？

捨不得の活法

我們常常自我勉勵：「我想當科學家」、「我一定要得到諾貝爾文學獎」……可是很多時候，這些理想與追求，反而成為了自己本身的一種負擔，好像冥冥之中有人舉著鞭子驅逐著我們去追求一些自己可能永遠也追求不上的東西。

第九輯：發現不對，就馬上放棄

即便已經走了90％的路，但是如果發現方向錯誤，也要毅然決然地掉頭轉身，回到原點後，再往對的方向重新走去。

患得患失是無藥可救的心病

一個人沒有真正悟透了不要擔心既已得到的，如此才沒有失去的「不患得，斯無失」人生真諦，是不可能讓自己活得無拘無束、自由自在。

當人們沒有得到的時候，拚命地想去追求；等得到了，又時時刻刻擔心害怕失去。人生處世的一大禁忌，便是患得患失。自古以來，在芸芸眾生中，既有超然物外者，也有患得患失者。

前者是一種健康而積極的人生態度，奉行這種人生態度的人，往往容易體會到心靈的自由和滿足，能夠過著悠然灑脫的生活。後者則是一種病態消極的處事心理，這種人往往終日在得與失的羅網裡鑽來鑽去，無法得到內心真正的超脫自在，更無法體悟到人生真正的快樂滋味。

乾隆元年（西元一七三六年），「揚州八怪」之一鄭板橋考中進士，做了縣令。他剛直不阿、清正廉明，但終因得罪達官顯貴被罷官。

回到揚州後，他心靜如水，並在心底深深渴望著清靜幽雅的生活，企望從中感受大自然賦予自己的愜意和安詳，體悟生命的樂趣。

這種曠達超然的人生態度，不僅表現在他一生的情感和行為中，尤其體現在著名的《範縣署中寄舍弟墨第四書》中：

「吾弟所買宅，嚴緊密栗，處家最宜，只是天井太小，見天不大。愚兄心思曠遠，不樂居耳。是宅北至鸚鵡橋不過百步…破屋叢花，心竊樂之…南至汝家百三十步，東至小園僅一水，實為恒便…只是怕盜賊。不知盜賊亦窮民耳，開門延入…有什麼便拿什麼去；若一無所有，便王獻之青氈，亦可攜取質百錢救急也…」

鄭板橋的這一段話，可以說是他心胸闊達、不為物慾所累的最真實寫照。不過，或許，有人會質疑鄭板橋之所以會對功名利祿，看著如此淡泊，還不都是因為他因得罪達官顯貴被罷官的緣故，也就是說如果他沒有被罷官，依然位居要津，就不可能會有如此的闊達胸懷。

然而，以上對鄭板橋的質疑，當然可能成立，但是，一個人如果沒有真正悟透了不要擔心既已得到的，如此才沒有失去的「不患得，斯無失」人生真諦，是不可能像鄭板橋一樣，一輩子活得那麼無拘無束、自由自在。

老實問自己

如果你是公司的一個小主管，在工作執行過程中，因為得罪「不良上司」準備遭到降調到下級單位的命運？那麼你會選擇當因為得罪達官顯貴被罷官的鄭板橋，默默地接受降調的人事命令，回家另謀生路，還是會選擇像日劇的半澤直樹一樣，跟那個要惡整你的不良上司周旋到底呢？

捨不得の活法

患得患失是一種病態消極的處事心理，這種人往往終日在得與失的羅網裡鑽來鑽去，無法得到內心真正的超脫自在，更無法體悟到人生真正的快樂滋味。

別讓「得失心」變成自己成大事的阻礙

有得必有失，有失必有得，這是常理，可有些人總想不通這層道理，因為，即便費盡心機，得到自己想得到的，但是，最後失去的是否比得到的更多？

從前，有一個神射手名叫后羿，他練就了一身百步穿楊的好本領，知道他的人都很佩服他。當時有個國君夏王，也從侍從的口中聽說過后羿的神奇本領，對他非常賞識。

有一天，夏王把后羿召到宮中，好欣賞他那爐火純青的射技。於是，便命人把后羿帶到後花園的一處寬闊地帶，叫人拿來了一塊一尺見方、靶心直徑大約一寸的獸皮箭靶。

夏王指著箭靶說：

「今天請先生來，是想請你展示一下你精湛的本領，這個箭靶就是你的目標。為了使這次表演更精彩，我特意定了一個賞罰規則：如果你射中，我就賞給你黃金萬兩；如果你射不中，那就削減你一千戶的封地。現在開始吧！」

后羿臉色變得十分凝重。他慢慢地走到距離箭靶一百步的地方，然後取出一支箭，搭上弓弦，準備好姿勢開始瞄準。

一想到自己這一箭出去可能發生的結果，一向鎮定的后羿呼吸變得急促起來，當他終於下定決心把箭射了出去，箭卻釘在距離靶心足有幾寸的地方。

后羿看到後，臉色一下子變得蒼白。他再次彎弓搭箭，沒想到精神卻更加不集中，射出的箭也偏得更離譜。

最後，后羿悻悻地離開了王宮。夏王在失望的同時，卻百思不得其解，就問侍從：

「后羿平時是百發百中，為什麼今天我給他定下了規則，他就大失水準呢？」

侍從回答說：

「后羿平時射箭，持的是一顆平常心，水準自然也就能正常發揮。可今天他射出的結果，直接關係到他的切身利益，這叫他如何能靜下心來施展射技呢？」

綜觀人間世事，有得必有失，有失必有得，這是常理，可有些人總想不通這層道理，只要涉及個人利害得失之事，總少不了要去爭，要去鬥，要從爭鬥中得到更多。卻不知這種做法，總會給人帶來莫名其妙的煩惱，難以言狀的痛苦。名利儘管得到，可是人的尊嚴喪失了，人的潔淨喪失了，人的品味喪失了……

這樣，看來是有所「得」，但失去的是否比得到的更多？而且這種「得」究竟有什麼意義？

老實問自己

如果你是故事中的后羿，你會接受夏王那個「射中，就賞黃金萬兩；射不中，就削減一千戶封地」的遊戲規則嗎？答案應該是「會」的，因為，我們明知在這種「一翻兩瞪眼」的壓力情況下，連百發百中的后羿都會失常，但是我們在「黃金萬兩」賞金的重誘下，往往都會毫不考慮地放手一搏！

捨不得の活法

只要涉及個人利害得失之事，總少不了要去爭，要去鬥，要從爭鬥中得到更多。卻不知這種做法，總會給人帶來莫名其妙的煩惱，難以言狀的痛苦。

捨棄既得利益，勇敢地在不對的路上「半途而廢」

只要敢捨棄用傳統方式開發，會有機會獲得更大的成功，這就是懂得在不對方法的路途中「半途而廢」的威力。

我們總是被教導，做事情要有恒心和毅力。總是能聽見有人說：「只要努力，再努力，就可以達到目的。」

可是如果這樣的準則是世間的真理，那為什麼我們常常遇到無法克服的挫折和愧疚感呢？

就是因為大家都被「堅持到底」這個信念給催眠，導致那些中途放棄的人，常常被認為沒有恆心、沒有毅力。也因為這個害人的教條，使人們明知道有捷徑也不去走，把簡單的事情變得複雜，還以為這是種美德。

有個證券經紀人叫做湯姆。跟每個剛入行新手一樣，第一次進到辦公室，主管只給他一個小得誇張的辦公桌、一本通訊簿和一部電話，就讓他開始工作。

如果他想成為一個靠「經紀」吃飯的人，就要盡可能多打電話。湯姆用超人的毅力，每天打上幾百個電話，忍受不斷的拒絕、被對方責罵的羞辱，再排除大量障礙，試圖開發新的客戶。

前幾個月裡入不敷出，只好忍饑挨餓，但憑藉著頑強的毅力和不懈的努力，一起開始工作的其他經紀人漸漸被他甩在後面，湯姆開始受到上級的重視，最後成為管理層中的一員。但是他還要在這種嚴苛的銷售環境中頑強地苦幹，以證明自己的價值。

其實，湯姆可以不用這麼累，要是他能夠花一點小錢在網站上刊登廣告，或是請工讀生在街上發送傳單，讓潛在客群能夠看見相關訊息，這樣的話，他只要跟那些聞名而來，主動聯絡的客人談生意就可以了。這樣不只減少花費的時間，也能大幅提高交易數量。

雖然，這樣不太傳統的工作方式，可能無法得到大多數人的諒解，尤其是嫉妒他、同時不清楚事實的主管，會因此認為湯姆工作消極、不努力，甚至會覺得他為何要在傳統電話開發客戶的這條路上，半途而廢，不知道堅持到底。

但只要敢捨棄用傳統方式開發客戶的他，會有機會獲得更大的成功，這就是懂得在不對方法的路途中「半途而廢」的威力。

老實問自己

如果你是故事中的湯姆，你會捨棄目前已經看到效果的傳統電話開發客戶方式，而改採刊登廣告、發送傳單這種尚未嘗試過，也不知道效果是否會如預期的客戶開發方式嗎？

捨不得の活法

因為「堅持到底」這個信念，導致那些中途放棄的人，常常被認為沒有恆心、沒有毅力。也因為這個害人的教條，使人們明知道有捷徑也不去走，把簡單的事情變得複雜，還以為這是種美德。

發現不對，就馬上放棄

即便已經走了90％的路，但是如果發現方向錯誤，也要毅然決然地掉頭轉身，回到原點後，再往對的方向重新走去。

《思考致富》一書作者拿破崙‧希爾在實驗室中訪問愛迪生，問他說：「如果第一萬次實驗失敗了，你會怎麼辦？」

愛迪生回答：「我就不會在這兒與你說話，此刻我會把自己鎖在實驗室中，做第一萬零一次實驗。」

這個小故事被大多數談到「進取」的演說家用作堅忍不拔的典型例證。他們會說，每次你打開電燈的時候，都可以感受到愛迪生是一個毅力非凡的人。

這是無稽之談，我們應該感受到的是：愛迪生是用科學的方法進行發明創造的科學家。而這是希爾沒有表達出來的，也許他認為人們可以自己領悟出來的是：愛迪生不是把同一個實驗做了一萬次。他是做了一萬個不同的實驗，也就是做了一萬次假設，而且發現不對就馬上放棄。

然而，愛迪生這種「發現不對就馬上放棄」的精神，則是一般業務員最必須具備的業務技巧，因為，如果業務員每次跟客戶洽談業務，客戶能給他的答案都是「再說吧。」那麼這個業務員的辦公桌上，就會擺滿「容後再議」的檔案。

而這些桌上擺滿「容後再議」檔案的業務員，就是不瞭解愛迪生那種「發現不對，就馬上放棄」的真義，因此，他們會日復一日地與這些客戶滿懷希望地聯絡，雖然毫無所獲，仍以此為榮。但總有一天，這種業務員任職的公司，會被這毫無意義的空轉給拖垮。

由此可見，業務員的堅忍不拔，根本沒有實用價值。一個真正好的業務員，會儘快行動，要求客戶給出明確的「是」或「不是」的答案。

因為，一般的業務推銷，只有一個訣竅，那就是必須想盡辦法讓客戶原本想要說的「不」字，變成「是」字，如此一來，他們就不必在接觸過的客戶身上，再花費時間和精力，讓自己能及時投身到開發下一個客戶的業務上去。

然而，不了解上述業務推銷訣竅的推銷員可能會認為，只要他能堅持不懈地與這些客戶一而再、再而三地聯絡，憑著他的執著，客戶一定會與他達成交易。他認為自己的毅力，一定會瓦解客戶的拒絕。

可惜事情不可能盡如人意，到最後他獲得的可能不是一紙簽好約的客戶訂單，而是一封發到電子信箱裡的資遣通知。

老實問自己

如果你是一個業務員，你會毅然決然地捨棄掉那些跟你說「再說吧」或「有需要會主動跟你聯絡」的「潛在客戶」嗎？

捨不得の活法

通常，我們最難捨棄的就是放棄花了很多時間和精神即將完成的「東西」，但是，如果這件「東西」，跟自己當初預期的，相差甚遠，那麼即便只差1％就可以完成，也要毅然決然地捨棄掉。

放棄自以為是對的「執著」

大多數人都被生活壓力壓得焦躁不安，甚至懷疑眼前所看到的事物。唯一可以改變這種狀態的辦法，便是將自己內心放空。然後，放棄那些自以為是對的「執著」⋯

唐代太守李翺聽說藥山禪師的大名，想見一見對方的廬山真面目。他四處尋訪、跋山涉水終於在一棵松樹下見到藥山禪師。

李翺恭恭敬敬地向禪師提問，沒想到藥山禪師眼睛根本沒有離開手中的經卷，對他總是不理不睬。

一向位高權重的李翺怎麼能夠忍受這種怠慢，於是憤而拋下一句：

「見面不如聞名。」這時藥山禪師不疾不徐地開口說：

「為什麼你相信別人的傳說，而不相信自己的眼睛呢？」

見到禪師回應，李翱猛然回頭，拜問：「請問什麼是最根本的道理？」

藥山禪師指一指天，再指一指地，然後問李翱：「明白了嗎？」

「不明白。」李翱老實回答。

「雲在青天水在瓶。」

李翱如今才明白，激動之下寫道：

「證得身形似鶴形，千株松下兩函經。我來問道無餘話，雲在青天水在瓶！」

藥山禪師實際上是提示李翱，只要保持像白雲一樣自如自在的境界，何處不能自由，何處不是解脫？

然而，在這個日益繁雜的社會中，大多數人都變得如同李翱一般焦躁不安，甚至懷疑眼前所看到的事物。唯一可以改變這種狀態的辦法，便是將自己內心放空，然後，放棄那些自以為是對的「執著」，並細心體味生活點滴，讓生活還原本色。

但不要因為察覺自己應該「放棄」，就把「放棄」做為追求的目的。最重要的是不要追求怎麼放棄、怎樣放棄，而先試著靜坐下來，什麼都不想，並以此為最高境界，就落入雖然無善惡分別又虛幻的「空想世界」。

整個世界本來就是空的，因為空，所以能夠包含萬事萬物、各種現象。譬如舉凡日月星辰，山河大地，泉源溪澗，草木叢林，好人壞人，善的東西和惡的東西，天堂地獄，所有的海洋，所有的須彌山，都毫無例外地存在於這個「空」之中。

而人也是空的，因此我們應該保有那樣的空，不去排斥那本性的虛空，才能和真正的自己交流。

老實問自己

如果你像故事中的李翱一樣，誠心誠意地去向別人請益，假如你請益的那個人，連正眼都不瞧你一眼，只是顧著低頭滑自己的智慧型手機，那麼你會馬上掉頭就走，還是忍氣吞聲地繼續留在原地？

捨不得の活法

不要因為察覺自己應該「放棄」，就把「放棄」做為追求的目的。最重要的是不要追求怎麼放棄、怎樣放棄，而先試著靜坐下來，什麼都不想，並以此為最高境界。

所有能夠破壞的，都不值得留戀

一千年後，所有東西都化為塵土，我們所能感受的只有現在這一刻、這一秒。唯有達到心中空無一物的境界，才是擺脱束縛的最好方法。

有一位老鐵匠用非常古老的方式經營打鐵舖。

這位老鐵匠坐在門內，貨物擺在門外，不吆喝，不還價，晚上也不收攤。無論什麼時候從這兒經過，人們都會看到他在竹椅上躺著，微閉著眼，手裡是一支菸桿，旁邊有一把紫砂壺。

他的生意也沒有好壞之說。每天的收入，剛好夠他喝茶和吃飯。他老了，已不再需要多餘的東西，因此，他非常滿足。

一天，一個古董商人從老街上經過，偶然間看到老鐵匠身旁的那把紫砂壺，他走過去，順手端起那把壺。

壺嘴內有一記印章，原來是戴振公製作的。商人驚喜不已，因為戴振公在世界上有捏泥成金的美名，據說他的作品現在僅存三件。

古董商端著那把壺想以十五萬元的價格買下它，當他說出這個數字時，老鐵匠先是一驚後又拒絕了，因為這是他爺爺留下的，他們祖孫三代打鐵時，都喝這把壺裡的水。

老鐵匠雖沒賣壺給商人，但在當天，他有生以來第一次失眠了。過去他躺在椅子上喝水，都是閉著眼睛，把壺放在小桌上，現在他總要坐起來再看一眼，這讓他非常不舒服。

特別讓他不能容忍的是，當人們知道他有一把價值連城的茶壺後，總是擠破他的門，有的人問還有沒有其他的寶貝，有的人甚至開始向他借錢，更有些人，晚上也推他的門，來向他問東問西，讓他的生活被徹底打亂。

當古董商第二次登門的時候，老鐵匠再也坐不住了，因為，老鐵匠心想自己生活中原本的寧靜與安詳，被這把突然身價不斐的紫砂壺打破了，而這把讓鄰人羨煞的紫砂壺，很顯然並沒有給他帶來快樂，相反他的內心卻承受著煎熬。

因此，在沉思之後，老鐵匠最終悟得了「放棄」的道理。於是，他招來左右鄰居，拿起一把錘頭，當眾將那把紫砂壺砸了個粉碎，而就在老鐵匠舉起錘頭揮下的那一剎那，他找回原本屬於自己的那份安詳與寧靜。

不管你選擇了什麼做為自己的目標，如果將其視為唯一重要之事，而執著於此，就不能得到快樂與安和。

唯有達到心中空無一物的境界，才是擺脫束縛的最好方法。因此，無論做什麼，如果能以不喜不悲的平常心處之，一切都能輕而易舉了。

老實問自己

如果有個古董商突然想出高價收買你原本認為毫無價值的東西，你會選擇將這個東西賣給古董商？還是會像故事中的老鐵匠，毅然決然地舉起鐵錘，當眾將那個東西砸個粉碎？

捨不得の活法

不管你選擇了什麼做為自己的目標，如果將其視為唯一重要之事，而執著於此，就不能得到快樂與安和。

無所畏的人，才能從容不迫地推開虛掩著的成功之門

想要成就一番事業，必須敢字當頭，毫不猶豫，無所畏懼，一往無前，敢於拚搏，只有這樣，才能啟動自己的潛能……

有一位很著名的魔術師，他的看家本領，便是從那些上滿鎖的房間裡逃脫出去，其實說白了他就是一位開鎖高手。

有一個小鎮的人們為了考驗他的本領，便特意打造了一個看起來很堅固的鐵屋和一把異常牢固的彈簧鎖，邀請魔術師前來挑戰。

魔術師有個習慣，就是在他表演時不希望別人看到。於是，鎮上的人和魔術師相約，如果在一個小時之內，魔術師逃脫不掉的話，便算失敗。

小鎮上的人按照約定都離開現場，魔術師拿出了他專門開鎖的工具開始挑戰。一分

鐘、十分鐘過去，魔術師還在忙碌著，他始終沒有聽到鎖被打開時，彈簧清脆的響聲。

半個小時過去了，魔術師緊張的臉上漸漸出汗，但還是沒有聽到那聲清脆和代表成功的響聲。時間一分一秒地過去了，眼看一個小時的時限馬上就到了，由於精神高度地集中，魔術師已經累得筋疲力盡。

當他將身體靠在鐵門上休息，並思考著準備放棄的時候，門卻輕輕地開了，魔術師這才發現那把鎖，其實根本沒有鎖上，這個門從一開始就是虛掩著的。

門雖然在規定的時間內被打開，但是魔術師卻意識到：原來成功如同去推一扇虛掩的門一樣簡單，就看自己是否擁有推開這扇虛掩門的勇氣、魄力和智慧。

在懦夫的眼裡，幹什麼事情都很危險；而熱愛生活、渴望成功的人，卻總是蔑視困難。當他們面對困難總是有十足的膽識，所以成功的往往是這些人。

沒有膽就沒有識，更不可能會有成功。而「膽」就是勇氣，就是魄力，敢想，敢說，敢做，敢當；「識」就是見識，主見，思路。

想要成就一番事業，必須「敢」字當頭，毫不猶豫，無所畏懼，一往無前，敢於拚搏，只有這樣，才能啟動自己的潛能，充分發揮自己的聰明才智，克難破險，成竹在胸。

在面對著這扇虛掩的門時，我們的內心可能存在著這樣或那樣的恐懼，懷抱著偏見，所以不敢嘗試去推開它。

但人一定要擁有天不怕，地不怕，無所畏懼的精神，想事情就要想別人不敢想的事情，做事就要做別人不敢做的事，如此才能「放下」阻礙行動的成見，從容不迫地推開虛掩著的成功之門。

老實問自己

如果你是故事中那個在鐵屋內開鎖逃脫的魔術師，當你發現自己無論怎麼開都無法打開的那個鎖頭，根本從一開始就沒有鎖上，那麼你的反應是鬆了一口氣？還是會覺得那些鎮民，根本就是在愚弄你，因而惱羞成怒？

捨不得の活法

在懦夫的眼裡，幹什麼事情都很危險；而熱愛生活、渴望成功的人，卻總是蔑視困難。面對困難總是有十足的膽識，所以成功的往往是這些人。

沒有失敗的風險，就沒有成功的希望

一個不敢冒險、不敢拋下過去掌握未來的人，再好的機會到來，也不敢去掌握與嘗試，固然沒有失敗的風險，但也沒有成功的希望。

一位勵志作家在應邀授課時，在黑板上畫了個圓圈，接著在圓圈中間畫了一個人。然後，他又在圓圈的裡面加上了一座房子、一輛汽車、一些朋友。

他畫完之後，隨即問在台下聽課的學生說：「誰能告訴我，這幅圖畫意味著什麼？」

一陣沉默後，一個人站起來回答說：「世界。」

「嚴格講起來，只答對一半，因為這個圓圈，除了可以代表『世界』，還可以是每個人的『舒服區』。而這個圓圈裡面的東西對我們至關重要：我們的住房、我們的家庭、我們的朋友，還有我們的工作。總之，在這個圓圈裡頭，會讓我們覺得自在、安全，遠離危險和爭端。」勵志作家說，「現在，誰能告訴我，如果跨出這個圈子後，會發生什麼？」

教室裡頓時鴉雀無聲，還是那個人打破沉默：

「會害怕。」

「會出錯。」另一個人接著說。

又是一陣沉默。這時，勵志作家轉向黑板，畫了一個箭頭，從圓圈當中的人指向圈外，說道：「當我們離開舒服區以後，就把自己拋到了一個感到不自在的世界裡面，那是一個全新世界，那裡有風險，但是可以讓我們學到以前不知道的東西，增長見識。」

語畢，勵志作家再次轉向黑板，在原來那個圈子之外，畫了更大的圓圈，還添上些新的東西，如更多的朋友、更大的房子等，然後向學生總結說道：「如果我們總是在『舒服區』裡頭打轉，就永遠無法學到新的東西。只有跨出舒服區以後，才能使自己人生的圓圈變大，也才能挑戰自己的心靈，讓自己變得更加堅強，最終把自己塑造成一個成功的人。」

中國有句老話：「撐死膽大的，餓死膽小的。」一個不敢冒險、不敢拋下過去掌握未來的人，再好的機會到來，也不敢去掌握與嘗試，固然沒有失敗的風險，但也沒有成功的希望。

魯迅曾經說過：「世界上本沒有路，走的人多了，也就成了路。」有位哲人也曾經說過：「要想知道梨子的味道，嘗過之後才知道。」可惜很多人不懂得這個道理，總把冒險精神看成失敗的前兆，孰不知愈危險的地方愈安全；愈有冒險精神，愈能成功的道理。

老實問自己

如果你現在待在擁有自己房子、車子，以及有一個年薪百萬和銀行存款破千萬的「舒服區」，你會為了讓自己學到新的東西，以及使自己人生的圓圈變大，因而離開這個讓自己生活無虞的「舒服區」嗎？

捨不得の活法

如果總是在「舒服區」裡頭打轉，就永遠無法學到新的東西。只有跨出舒服區以後，才能使自己人生的圓圈變大，也才能挑戰自己的心靈，讓自己變得更加堅強，最終把自己塑造成一個成功的人。

第十輯：不要跟內心的自己打架

將什麼都看得淡一些，就沒有任何的難關過不去，將任何事都看開一點，才不會一遇到任何事，就陷入「天人交戰」，就只能跟內心的自己打架。

捨棄自私的念頭

人有私利是在所難免的，全世界的人，十之八九都是自私自利的，就只有那一兩成的人除外，而除外的人，就成了偉人、聖人、善人、流芳百世，永垂不朽。

「放於利而行，多怨。」這是孔子曾經說過的一句話。「放」是依照的意思，而「放於利而行，多怨。」也就是依照利益去做事情，會得到很多的埋怨。

俗話說：「人不自私，天誅地滅。」話是這麼說的，可是人畢竟是一種群居的社會動物，身處於人際關係中。因此，看著利益去做事是行不通的；因為既然有一方獲得利益，就有一方受害。

人有私利是在所難免的，古今中外，全世界的人，十之八九都是自私自利的，就只有那一兩成的人除外，而除外的人，就成了偉人、聖人、善人，流芳百世，永垂不朽。那十之八九的人，就成為世間過客，一晃即過，消失在眾人的記憶中。

印度的聖人甘地曾經有這樣一個小故事。

有次，甘地去坐火車，不小心把一隻鞋子掉到鐵軌旁邊，就在這時候，火車已經緩緩的開動了。甘地眼看不可能把掉的鞋子給撿回來，就急急忙忙的把另外一隻鞋脫了下來，拋到那雙掉了的鞋的旁邊。

他的朋友在一旁看了，覺得甘地的行動很奇怪，不解的問說：

「那隻鞋掉了就算了，可是為什麼把好好穿在腳上的鞋子也丟了呢？」

甘地回答說：

「這麼做，路過那條鐵軌的人，才能獲得一雙成對的鞋子。」

自私自利，是人的本性；避害趨利，是人的本能，這是無可厚非的。這麼做，非但不會危害社會，危害他人，甚至還有利於社會的進步和發展。

因為，大多數人都認為，自己為吃穿而奔波、為富裕而奮鬥、為地位而努力、為改變環境而打拼，因為，只要手段正當，沒有危害他人，有什麼不可以？

那一、兩成的偉人、聖人、善人，也不能說他們真的大公無私，全心全意為百姓服務，只是他們不會損公肥私、不是唯利是圖，懂得放下手中擁有的一些事物，讓除了自己以外的他人，得到快樂和滿足。

就像甘地那樣，他損失的不過是一雙本來就撿不回來的鞋子，轉個念頭想想，也就算了；但對撿到鞋子的窮人來說，這是一雙從天而降的寶物，足夠讓他們開心一輩子。

老實問自己

如果你是一個上班族，意外得知你們的總經理，明天要到你的部門做業務的突擊檢查，以做為年底打考績的依據，你會毫不考慮地將這個突擊檢查的消息，告訴部門的其他同事嗎？

捨不得の活法

所謂的偉人，並沒有做多了不起的事、也不是多了不起的人；他們只是願意讓除了自己以外的人，也獲得快樂。

貪婪是自私的泉源

為了自己的權利去侵犯他人的權利，這就是一種罪惡。這種罪惡叫做貪婪，而貪婪就是自私自利的源泉。因為這種自私自利，把他人的一切踏在了腳下，作為通向利益的橋。

只要讀過清朝末年太平天國這段歷史的人，應該都會對洪秀全一開始怎樣向世人傳播他那規定土地公有、主張財富平均的平等思想，以及提倡男女平等的這些理念，印象深刻吧！而洪秀全這些「不論男女富貧一視同仁，眾人都是神的子民……」讓人聽起來熱血沸騰的口號，確實也成功地讓當時的人們，對他心目中的上帝五體投地，以及對他口中的新時代充滿希望。

然而，當他擁有了權力後，他的自私自利卻讓無數老百姓痛苦。因為，他口中宣揚的是土地公有、財富平均，但實際做的卻是掠奪人民的良田與民脂民膏，他說的是一視同仁，實際做的卻是分封諸王。

洪秀全與他臣下諸王大興土木蓋花園庭院，平日生活奢華腐化，終於使拜上帝教成為異端邪說……讓無數老百姓依然在貧窮、疾苦的漩渦中掙扎。

可怕的是，在這個世界上，從不缺像洪秀全這樣的惡人。壞人、貪官、污吏，他們不是一般意義上的自私自利，唯利是圖，而是橫行鄉里，魚肉百姓，無惡不作，既危害他人，也危害社會。

人生來有嚮往幸福、追求富貴的權利，但是為了自己的權利去侵犯他人的權利，這就是一種罪惡。

這種罪惡叫做貪婪，而貪婪就是自私自利的源泉。因為這種自私自利，把他人的一切踏在了腳下，做為通向利益的橋。

迫害、謀殺、誣陷……為了這種目的，他們幾乎不擇手段。也因為這種自私自利，世界上出現了將「寧可我負天下人，不要天下人負我。」這種繆論，當成自己處世原則的人，實在讓人不得不感嘆人性的可怕。

只要捨去自私自利，這個世界會以最真最美麗的形式展現在我們面前。只要捨去自私自利，我們會發現，還有更值得我們去尋找的品格，它的名字叫「無私」，現在人所缺乏的，就是這份「無私無我」的人生智慧。

自私自利既然是人的原罪之一，就應該得到寬恕，但也必須加以約束。它是一種動物本能，和性慾、食慾這類動物慾望一樣，如果走了極端，失了平衡，不只沒帶來向上的動力，反而給自身帶來毀滅。

老實問自己

如果你跟太平天國的那個洪秀全一樣，好不容易用冠冕堂皇的口號，讓自己取得可以為所欲為的權力，你能保證自己一定不會跟洪秀全一樣，過著奢華腐化的生活嗎？

捨不得の活法

只要捨去自私自利，這個世界會以最真最美麗的形式展現在我們面前。只要捨去自私自利，我們會發現，還有更值得我們去尋找的品格，它的名字叫「無私」。

別一味奢求大於或等於你付出的回報

我們時常忘記，這個世界上沒有絕對的公平正義，你的付出，得不到相對的回報，其實是屢見不鮮的事。

曾經有一個女人非常氣憤地找法官，向他告發一個男子老是給她寫情書，而且，不論她用什麼方法，或是透過什麼人叫他不要再寫，但這個男子給她的「回報」，還是依然照寫不誤。

這女人羞憤的哭訴說：

「您一定要給我一個公正的判決，現在街頭巷尾都懷疑我的貞潔，我真的不知道該怎麼繼續生活下去。您要是不懲罰那個可惡的男人，我就一刻也得不到安寧。我要求您必須依照我的告發，處罰這個男子，這是我應有的權利！」

法官被女人鬧得沒有辦法，只好審理這個奇怪的案子，他想了一會兒，最後宣佈說：「我知道妳受到了很大的委屈，因為那個男人違反妳的意願，老是寫情書給妳，造成妳莫大的困擾；為了公正，現在我判決，你也可以違反他的意願，老是寫情書給他。」

有些人老是抱怨這個世界不公正，總是認為自己受到委屈，付出那麼多，卻得不到相應的回報。

有些人老是對生活表示憤慨，謹慎地提防著他人，無時無刻不「用心計較」，深怕一不小心陷入別人設置的陷阱，成為他人的獵物；然而，這都是因為我們時常忘記，這個世界上本來就沒有絕對的公平正義，你的付出，得不到相對的回報，其實是屢見不鮮的事。

生活中，有人只求付出，不求回報，但有人什麼都不願意付出，只求回報；有的人付出大於回報；有的人付出卻低於回報，但幾乎所有人都會認為，自己的付出遠大於他所得的回報，這也難怪有位哲人會這樣提醒人們說：「為了生活疲於奔波的人，別一味奢求大於或等於你付出的回報，因為那是不可能的事。」

而這樣的處事方針，不只存在於生活中，還可以將它推廣到工作中，同樣也存在瞬息萬變的商場上，包括人際關係的處理中。

因為人與人相處，要先求諸己，才能求諸於人，使對方得到相應的感召。這也是為人處世的根本；只要了解這點，你就不會一天到晚，拿著「計算機」去斤斤計較，你對別人的付出，別人應該給你多少回報了。

老實問自己

我們經常在對某人付出沒有得到相對回報的情況下，自我安慰地說，自己並不是在想得到對方回報的情況下，才對對方付出的，但是事實真是如此嗎？因為，沒有人會在做任何付出之前，絲毫不期望對方有任何回報的……

捨不得の活法

為了生活疲於奔波的人，別一味奢求大於或等於你付出的回報，因為那是不可能的事，只要了解這點，你就不會一天到晚，拿著「計算機」去斤斤計較，你對別人的付出，別人應該給你多少回報了。

捨得付出，就會有出人意料的回報！

從金錢開始的關係，在失去金錢之後就會斷絕；從感動開始的關係，會持續到心臟停止跳動的那天。

一九三三年，經濟危機籠罩著整個美洲大陸，此時，哈理遜紡織公司因一場大火化為灰燼。

這對哈理遜公司無疑是雪上加霜。三千名員工悲觀地回到家裡，等待著董事長宣佈公司破產和失業風暴的來臨。

在無望而又漫長的等待中，他們終於得到回應；董事會決定繼續發給全公司員工一個月的薪水。

員工們深感意外。他們紛紛打電話或寫信向董事長亞倫·傅斯表示感謝。

亞倫・傳斯告訴他們：公司雖然損失慘重，但員工們更苦，所以有一分錢，他都要發給員工。

一個月後，正當員工們困坐在家中，為生活發愁時，又接到公司的第二封信，董事長宣佈，再發給全體員工一個月薪水。

三千名員工接到信後，不再是意外和驚喜，而是熱淚盈眶。第二天，員工紛紛擁向公司，自發地清理廢墟、擦洗機器，還有一些人主動去南方一些州聯絡被中斷的貨源，尋找好的合作夥伴。

三個月後，哈理遜公司重新運作起來。現在，哈理遜公司已成為美國最大的紡織品公司，分公司遍佈五大洲六十多個國家。

亞倫・傳斯的經歷告訴我們：捨得付出，就會有回報，而且還是出人意料的回報！

滴水之恩，當湧泉相報，這是大多數人都會有的心理。

在這個世界上，絕大多數人都是感情的奴隸。在與他人的交往中，我們付出了多少，讓他人感動幾次？唯有敢於放棄與犧牲，才能有巨大的獲取與回報。

可惜在今天這個功利掛帥的社會大都不是這樣了，我們不敢冒這麼大的風險，所以在工作前都必須先談工作條件和待遇？薪水多少？待遇怎麼樣？年終有多少獎金？

我們的真心和熱情，也在這些利益的計算中漸漸被磨損殆盡……

老實問自己

如果你是一家公司的負責人，當你的公司經營陷入困境，財務出現危機，你會像前述故事中的亞倫．傅斯一樣，即便員工已經被迫放「無薪假」，不僅不延發員工薪水，而且，還想盡辦法去借錢來發薪水給員工？

捨不得の活法

滴水之恩，當湧泉相報，這是大多數人都會有的心理，因此，我們只要能夠捨得付出，就會有回報，而且還是出人意料的回報！

學會放過自己

快樂來自美滿的情緒；而生氣來自受傷的心靈，學會放過自己，讓苦惱從心中離開，把快樂迎到心裡來。

有位耗盡青春歲月，遍尋幸福不著的中年男子，有次跑去河邊問一個專門幫人解惑的哲學大師：「大師！這個世界上真的有幸福這種東西嗎？」

大師回說：「當然有！」

中年男子繼續問說：「那為何我花了幾十年的歲月，還是找不到幸福呢？」語畢，大師並未回答中年男子的問題，反而直接將中年男子的頭按進河裡，一直到中年男子快喘不過氣的時候，才鬆開按他的頭的手。

隨即從河水中抬起頭的中年男子，一直猛呼空氣，這時大師才緩緩地跟他說：「你現在是不是覺得能夠呼吸是件很幸福的事？」

中年男子邊點頭邊回說：「沒錯！沒錯！」

大師回說：「那現在你不是已經找到幸福了嗎？」

生活中的幸福，無處不在，而在於如何去體會。倘若用心體會，即便在那些看似無法逾越的苦難面前，依然能夠享受仰望蒼穹的快樂。

換句話說，不論身處任何環境，只要能用心體驗，便能夠將艱苦轉化成快樂，然而，每個人獲得的快樂之所以不一樣，就在於有些人總是不把體驗轉化成快樂，而是轉化成苦惱；所以人生各有各的苦惱和快樂，只是看我們能夠發現快樂，還是發現煩惱罷了。

有個人聽說有一位很有名的樂觀者，於是，他便去拜訪這位樂觀者。

「假如你一個朋友也沒有，你還會高興嗎？」這個人開門見山地問。

「當然，我會高興地想，幸虧我沒有的是朋友，而不是我自己。」

「假如你被人莫名其妙地打了一頓，你還會高興嗎？」

「當然，我會高興地想，幸虧我只是被打了一頓，而沒有要我的性命。」

「假如你馬上就要離開這個世界，你還會高興嗎？」

「當然，我會高興地想，我終於高高興興地走完了人生之路，可以高高興興地去參加另一個『宴會』了。」

「這麼說，生活中沒有什麼是可以令你煩惱或者痛苦的？」

「是的，只要你願意，你就會在生活中發現和找到快樂——痛苦往往是不請自來，而快樂和幸福往往需要人們去發現，去尋找。」樂觀者說。

聽到了樂觀者這一連串的快樂表白，拜訪樂觀者的人，也悟出了其中的道理，因而，他的生活也充滿了歡樂。

而我們在什麼時候也能悟出同樣的道理？學會放過自已，讓苦惱從心中離開，把快樂迎到心裡來。

老實問自己

如果你到pub去喝酒，莫名其妙被毒打了一頓，你會像前述故事中那個樂觀者一樣，高興地跟前來將你送醫急救的朋友說：「幸虧只是被打了一頓，而沒因此丟掉性命⋯⋯」

捨不得の活法

有些人總是不把體驗轉化成快樂，而是轉化成苦惱；所以人生各有各的苦惱和快樂，只是看我們能夠發現快樂，還是發現煩惱罷了。

用心去體會平凡中的幸福與快樂

生活總是有趣的，就算身處在逆境也充滿樂趣。生活本來就是柴米油鹽這些繁瑣而又現實的組合，與其看不如意的方面，不如學會尋找樂趣，看生活中好的一面。

如果我們不用心，就無法去體會生活中的那部分快樂。同樣，如果缺乏珍惜的心，也很難意識到快樂的存在，有時甚至連正在歷經的快樂都會失去。

正如一句格言說的：快樂就像被一群孩子追逐的足球，當他們追上它時，卻又一腳將它踢到更遠的地方，然後再拚命的奔跑、尋覓。

人們都追求快樂，但快樂不是靠一些表面的形式來獲得或者判定的，快樂其實來源於每個人的心底。

安徒生著有一則名為《老頭子總是不會錯》的童話故事，說的就是如何去尋找生命中的快樂。

從前有一對清貧的老夫婦，他們想把家中唯一值錢的一匹馬拉到市場上去換點更實用的東西。於是，老頭子牽著馬去趕集了，他先與人換了一頭母牛，又用母牛去換了一隻羊，再用羊換來一隻肥鵝，又把鵝換了母雞，最後用母雞換了別人的一袋子爛蘋果。每次交換時，老頭都幻想回家之後能帶給老伴驚喜。

當他扛著大袋子來到一家小酒店歇息時，遇上兩個英國人。閒聊中他談到了自己趕集的經過，兩個英國人聽後哈哈大笑，說他回去準會被他老婆臭罵一頓。老頭子堅持說這種事情絕對不可能發生，英國人就用一袋金幣打賭。

當三個人一起來到老頭子家，老太婆見老頭子回來，非常高興，她興奮地聽著老頭子講趕集的經過。

每聽老頭子講到用一種東西換了另一種東西時，她都充滿了對老頭子的欽佩。她嘴裡不時地說著：「哦，我們有牛奶了！」「羊奶也同樣好喝。」「哦，鵝毛多漂亮！」「哦，我們有雞蛋吃了！」

最後聽到老頭子背回一袋已經開始腐爛的蘋果時，她同樣不慍不惱，大聲說：「我們今晚就可以吃到蘋果餡餅了！」

結果，英國人輸掉了一袋金幣。

生活本來就是柴米油鹽這些繁瑣而又現實的組合，與其看不如意的方面，不如學會尋找樂趣，看生活中好的一面。

如果我們能夠像《老頭子總是不會錯》這個故事中的老太婆一樣看待生活，用心去體會平凡中的幸福與快樂，那麼微笑就會時常掛在嘴角、幸福的甜蜜也會永駐心間！

老實問自己

如果你遭遇到前述故事中老太婆的相同狀況，你會像這個老太婆一樣，在自己的老公用一匹馬，最後換回一袋爛蘋果的情況下，還能不慍不惱地說今晚可以吃到蘋果餡餅了嗎？如果不能，那你有沒有想過你到底為何做不到老太婆可以做得到的事？

捨不得の活法

快樂就像被一群孩子追逐的足球，當他們追上它時，卻又一腳將它踢到更遠的地方，然後再拚命的奔跑、尋覓。

不要跟內心的自己打架

將什麼都看得淡一些，就沒有任何的難關過不去，將任何事都看開一點，才不會一遇到任何事，就陷入「天人交戰」，就只能跟內心的自己打架。

有些人還沒有起床，就開始為尚未到來的難題發愁；也有些人，剛做了一些工作，就想儘快結束這一天；有些人，時間還沒有到中午，就直想著晚上要到哪裡找樂子；有些人，都已經三更半夜，卻還躺在床上為前一天的煩惱輾轉反側……

在這些人的生活裡，時間是敵人、是泥沼、是愁雲、是慘霧。

在《說法經》中有一則「吠犬投井」的寓言：

有一隻很兇惡的狗，總是沒有道理就大聲嚎吠。這天牠在井邊汪汪地叫，一低頭，居然看到井裡也有一隻猛犬在汪汪地直叫。

牠見到井中的猛犬瞪著好大的眼睛，全身的毛都聳立起來，一副怒不可遏的樣子。惡狗以為井裡的狗是要和牠打架，不禁大怒，便狂吠著向井裡的狗影子撲去，最後自己葬身在水井裡。

井邊的惡狗不知眼前的景象是虛幻的，徒勞的對水中影子狂吠，這就是牠的怨恨心太重，喪身井底也是理所當然。

而這個寓言的意旨在於，必須要忍下恥辱才化解憤恨。否則，就會像故事中那隻惡狗一樣，經常做著跟內心那個「自己」打架的蠢事，還不自知呢？

在七百多年前一個月朗氣清的圓月之夜，雲門文偃禪師對眾僧說：

「十五以前的事情莫問，十五以後的事情，大家卻說一句試試看。」

不等別人開言，文偃禪師便滿懷深情地說：

「日日是好日。」

文偃禪師講到這裡，底下諸僧深為感動，其中一位法師深有感觸地說：

「天天都是好日子，這一句話把佛法和世間法都說盡了。沒有必要去刻意地尋求幽邃玄奧的意義，只管每天吃飽兩頓飯就行了。」

有了淡漠之心，天天都是好日子。它是一種積極的人生態度，是一種開朗的生活方式，是一種健康的人格心理。有了這種心態，還有什麼不能忍耐？

老實問自己

我們是不是也跟前述故事中那隻不知井中的惡犬是自己的惡狗一樣，經常做著跟內心那個「自己」打架的蠢事呢？

捨不得の活法

有了淡漠之心，天天都是好日子。它是一種積極的人生態度，是一種開朗的生活方式。有了這種心態，還有什麼不能忍耐？

淡，是人生的小確幸

淡泊是理性的成熟，也是最具體的滿足；它是積極的樂天知命，不是消極的聽天由命；它是入世的適情致性，而非出世的斬情滅性

人生的情趣，在淡泊中感受得更深刻，俗話說君子之交淡如水。也有話說，掃棄焚香可見清福，養花種竹必自安樂；淡飯粗茶有真味，明窗淨凡是安居。

知道的事情越少，煩惱越少，認識的人越多，是非也越多。平時能偷點閒睡睡午覺，吃一些清淡的食物，更能減少憂愁；想想不管是滿漢大餐，還是粗茶淡飯，換來的都只是一頓的飽足，何必為了那沒有必要的奢華浪費心力。

就算是錦衣玉食，一千年後也不過是一抹塵埃，謹守著自己的微小而確實的幸福，憑著自己的天性，度過春夏秋冬，這樣淡泊名利的人生，不只能培養人的優雅，更能提高人的品格。

有一所鄉下學校，學生們嚮往都市的繁華，慫恿老師帶隊前往見識，兩天下來，大家卻沒有絲毫開心的樣子，只在七嘴八舌的交換心得。

「我是很高興，吃遍了夜市美食，可惜，晚上鬧肚子都拉掉。」小明悻悻的說。

「我買了件漂亮衣服。」小華說，「但是捨不得穿。」

「晚上那間高級旅館超棒的。還有房間裡的床，好軟好舒服！」

小春雙眼發光的談起那段回憶，身旁的仔仔卻吐槽說：

「可是那張床太高級了，小春緊張到睡不著。」

這時，有人請問一旁傾聽的老師。

「老師，你呢？你有沒有收穫？」

「我的收穫。」老師微笑說，「就是發現我終於可以一點都不需要這些！」

能自得時則自樂，到無心處便無憂，這位老師的清高盡在其中，如何能夠在根本上；不欲不求，無怨無悔，就在於本性的淡泊。

淡泊是理性的成熟，也是最具體的滿足；它是積極的樂天知命，不是消極的聽天由命；它是入世的適情致性，而非出世的斬情滅性；淡泊，才是對人性的透徹瞭解，才是對世情的深刻領悟。

老實問自己

如果每天有滿漢大餐可以吃，你還會選擇粗茶淡飯嗎？如果每天可以開雙B轎車、穿名牌衣服，你還會穿著夜市地攤牌的衣服、騎著隨時都可以報廢的機車嗎？

捨不得の活法

平時能偷點閒睡睡午覺，吃一些清淡的食物，能減少憂愁；不管是滿漢大餐，還是粗茶淡飯，換來的不都只是一頓的飽足，何必為了那沒有必要的奢華浪費心力。

第十輯
不要跟內心的自己打架

職場生活

01	公司就是我的家	王寶瑩	定價：240元
02	改變一生的156個小習慣	憨氏	定價：230元
03	職場新人教戰手冊	魏一龍	定價：240元
04	面試聖經	Rock Forward	定價：350元
05	世界頂級CEO的商道智慧	葉光森 劉紅強	定價：280元
06	在公司這些事，沒有人會教你	魏成晉	定價：230元
07	上學時不知，畢業後要懂	賈 宇	定價：260元
08	在公司這樣做討人喜歡	大川修一	定價：250元
09	一流人絕不做二流事	陳宏威	定價：260元
10	聰明女孩的職場聖經	李娜	定價： 220元
11	像貓一樣生活，像狗一樣工作	任悅	定價：320元
12	小業務創大財富一直銷致富	鄭鴻	定價：240元
13	跑業務的第一本Sales Key	趙建國	定價：240元
14	直銷寓言--激勵自己再次奮發的寓言故事	鄭鴻	定價：240元
15	日本經營之神松下幸之助的經營智慧	大川修一	定價：220元
16	世界推銷大師實戰實錄	大川修一	定價：240元
17	上班那檔事--職場中的讀心術	劉鵬飛	定價：280元
18	一切成功始於銷售	鄭鴻	定價：240元
19	職來職往--如何找份好工作	耿文國	定價：250元
20	世界上最偉大的推銷員	曼尼斯	定價：240元
21	畢業5年決定你一生的成敗	賈司丁	定價：260元
22	我富有，因爲我這麼做	張俊杰	定價：260元
23	搞定自己 搞定別人	張家名	定價：260元
24	銷售攻心術	王擁軍	定價：220元
25	給大學生的10項建議：祖克柏創業心得分享	張樂	定價：300元
26	給菁英的24堂心理課	李娜	定價：280元

身心靈成長

01	心靈導師帶來的36堂靈性覺醒課	姜波	定價：300元
02	內向革命-心靈導師A.H.阿瑪斯的心靈語錄	姜波	定價：280元
03	生死講座——與智者一起聊生死	姜波	定價：280元
04	圓滿人生不等待	姜波	定價：240元
05	看得開放得下——本煥長老最後的啓示	淨因	定價：300元
06	安頓身心--喚醒內心最美好的感覺	麥克羅	定價：280元
07	捨不得 「捨得」是一種用金錢買不到的「獲得」	檸檬公爵	定價：260元

心理學大師講座

01	北大教授講解脫之道	葉　舟	定價：240元
02	北大教授講包容之道	葉　舟	定價：240元
03	北大教授給的24項人緣法則	葉　舟	定價：240元
04	北大教授給的28項快樂法則	葉　舟	定價：240元

商海巨擘

01	台灣首富郭台銘生意經	穆志濱	定價：280元
02	投資大師巴菲特生意經	王寶瑩	定價：280元
03	企業教父柳傳志生意經	王福振	定價：280元
04	華人首富李嘉誠生意經	禾　田	定價：280元
05	贏在中國李開復生意經	喬政輝	定價：280元
06	阿里巴巴馬　雲生意經	林雪花	定價：280元
07	海爾巨人張瑞敏生意經	田　文	定價：280元
08	中國地產大鱷潘石屹生意經	王寶瑩	定價：280元

歷史中國

01	大清的崛起	任吉東	定價：240元
02	大明的崛起	沈一民	定價：240元

國家圖書館出版品預行編目資料

捨不得：「捨得」是一種用金錢買不到的「獲得」 /

檸檬公爵 著一版. -- 臺北市 :廣達文化, 2014.1

面 ; 公分. -- （身心靈成長：7）（文經閣）

ISBN 978-957-713-441-7(平裝)

1.修身 2.生活指導

192.1 102023378

捨不得

「捨得」是一種用金錢買不到的「獲得」

榮譽出版：文經閣

叢書別：身心靈成長 07

作者：檸檬公爵 編著
出版者：廣達文化事業有限公司
Quanta Association Cultural Enterprises Co. Ltd
發行所：臺北市信義區中坡南路路 287 號 4 樓
電話：27283588　傳真：27264126　E-mail：*siraviko@seed.net.tw*
劃撥帳戶：廣達文化事業有限公司　帳號：19805170

印　刷：卡樂印刷排版公司　裝　訂：秉成裝訂有限公司

代理行銷：創智文化有限公司
23674 新北市土城區忠承路 89 號 6 樓
電話：02-2268-3489　傳真：02-2269-6560

CVS 代理：美璟文化有限公司
電話：02-27239968　傳真：27239668

一版一刷：2014 年 1 月

定　價：260 元

本書如有倒裝、破損情形請於一週內退換

捨 捨掉想要卻不需要的欲望

不 不執著自己認為對的執著

得 得到無憂自在的淡樂人生

捨 捨掉想要卻不需要的欲望

不 不執著自己認為對的執著

得 得到無憂自在的淡樂人生